10年大盛りメシが食える漫画家入門ふりかけ付き！

樹崎 聖

監修：菅野博之

星海社

93

SEIKAISHA SHINSHO

まえがき

はじめて漫画を描く時に意識すべきこと

「むしろ、そんなものを全く読まないで描いてくる新人の作品を見たい」

以前、週刊少年ジャンプの担当編集者だったK氏に「ジャンプにも漫画の技術書なんてあるといいんじゃないですか？」と自分が書きたいとは言わずに尋ねた時、返ってきた言葉です。

K氏が熱いタイプの編集者というのも多少ありますが、歴史に残るような漫画家の多くは小手先の技術に長けた者ではなく突き抜けた魅力を持った者だと言えます。

ただ、それでは漫画を学ぶ場が真っ向から否定されるようなものです。当時、私は専門学校の非常勤講師として漫画を教えていたので自分にも学生にも都合が悪いそんな話はすっかり忘れていました。ところが、いつも読んでいるボクシング雑誌のある記事に目を奪われた時、K氏とのやりとりを思い出してしまったのです。

ボクシングの選手には大まかに分けてガンガン前に出て戦うファイタータイプと距離を

おいて戦うボクサータイプがいます。しかし、ジムに入門したばかりのボクサーはまずファイタータイプに育てられます。ファイタータイプをボクサータイプに変えることはできても、ボクサータイプをファイタータイプにするのは簡単ではないからだそうです。

近年、日本ボクシング界において最も腕のいいトレーナーの一人と評判の三《み》浦利美《うらとしみ》（第12回エディ・タウンゼント賞、2001年度年間優秀トレーナー賞を受賞、現ドリームボクシングジム会長）氏の言葉です。

それは、そのまま漫画にも当てはまります。ガチガチの技術をまず教え込んでしまったら、もう突き抜けた表現力を身に付けるのは極めて困難です。基本どおりに描こうと思い過ぎてやりたいことと噛み合わなくなってしまいます。

私自身も非常に苦労している部分です。最高の作品を描こうと自分に縛りを作り過ぎてしまうとがんじがらめになってしまいます。それでもなんとか完成に漕《こ》ぎ着けた作品は平均以上の面白さにはなるかもしれませんが、ずば抜けた傑作にはなり難いでしょう。

だから、これから漫画を描こうとする人にはまず自分の長所を伸ばす作業に没頭して欲しいと思います。

「自分の描きたいことはコレだ！」

「自分の描きたいことを具体的に表現するにはコレがベストだ！」

「自分の描きたいことを最大限に伝えるにはこうすべきだ！」

そんな溢れ出す思いを、情熱をそのまま原稿にぶつけてみて下さい。

小手先の技術は天性の魅力の前では及ばないものです。まずは天性の魅力を磨きましょう！　長所を伸ばせば短所は個性になり、味になるものです。「こうすれば確実に面白くなる」なんて方程式を積極的に考えるのは若い頃からやらなくてもいいんです。

まずは自分なりの表現、個性、アイデア、そして魂を磨くのが先決です。

それでも壁にぶつかってどうしたらいいか分からない時に、目次を頼りに本書を読んでください。ただ、最低でも一本は自分の作品を仕上げてから読んでもらった方が良いと私は思います。

壁を破る方法は壁の前までたどり着いて初めて使えるものだからです。

目次

第二章 戦う秘策　69

第一章

叶える実践

1　漫画の未来を考える

海外オタク憧れの「HENTAI」漫画

極論になりますが誤解を恐れずに言ってしまえば、漫画は本来マイノリティー（社会的少数派）のためのものであるはずです。

社会の常識からはみ出てしまう価値観を持つ者、受け入れられず居場所を探し続ける者……そんな人達にとって漫画は指針であったり、避難の場であったりと大きな価値を持っています。

漫画は根っこの部分でマイノリティーのための癒し文化なのです。

現実の生活に十分満足している人ならば、漫画を読んでフラストレーションを解消することはそれほど必要ではないでしょう。

今、紙媒体において単行本が売れるのは一部の少年漫画を除いてはよほど時流に乗れたものか「萌《も》え」「ヤンキーもの」「（グルメやワインなどの）ウンチク漫画」ぐらいですが、ストーリーが練り込まれた普通にいい漫画の需要は確実に減っています。

それがインターネットやケータイに至っては売れている大部分は萌え漫画。それは海外で「ＨＥＮＴＡＩ《ヘンタイ》」と言われる分野であり、一般人には理解し難い性のマイノリティーの話が多かったりします。「やおい」「百合《ゆり》」などの同性愛、「ロリコン」「コスプレ」「男の娘《オトコノコ》」、禁断の恋や欲望を描いた「レディコミ（レディース・コミック）」まで……。

そりゃそうですよね。どんな恥ずかしい内容の漫画でもケータイなら誰に気兼ねすることなくどこででも読めるんですから。

実際ケータイ漫画が読まれる時間帯は夜寝る前の自慰行為タイムであるというデータがはっきり出ているそうです。

「私はそんなのは読まない、変態じゃない」と思っている人もどうでしょうか？ただの恋愛ものやライトエロと思って読んでいる漫画のヒロインは赤ん坊のような顔のパーツ配置でロリータな女のコだったりしませんか？　好きな男性キャラクターは手がゴツゴツして人間離れした長い指をしていませんか？

我々自身もそうとは知らないうちに「ＨＥＮＴＡＩ」と呼ばれるに相応しいものに惹かれ、馴染んでいることもあるかと思います。外国人は客観的にはっきり区別するので日本のオタク文化を「ＨＥＮＴＡＩ」と呼ぶのでしょう。

ただ、海外では「ＨＥＮＴＡＩ」という言葉を日本人ほどネガティブに捉えていません。「ＨＥＮＴＡＩ」は海外オタクの間で「ストーリー性の高い作品の中におけるエロスの表現」とされ、日本のオタク文化への憧れさえ含みます。そうした意味でも外国人の方が真価を分かっているのかもしれません。

我々はもう少し「ＨＥＮＴＡＩ」漫画にも誇りを持つべきでしょう。

漫画は漫画家の魂を映す

でも、そうした漫画は一度も読んだことがない人には迫害され、気持ち悪がられています。彼らは「ＨＥＮＴＡＩ」＝「悪」と決めつけています。一部のコンプレックスがない人にはコンプレックスだらけの人の苦しみは理解できないのでしょう。

だからといって少数派の価値観を切り捨てていたのでは、文化は根本的に成り立たないはずです。

たとえば、ルネサンス時代の代表的芸術家として知られるレオナルド・ダ・ヴィンチやミケランジェロはその頃に存在を否定されていた性的マイノリティーであるゲイでした。ゲイであることがバレると投獄された時代に、です。

ビートルズで一世を風靡《ふうび》したジョン・レノンは極度のマザコンでした。だから結婚したのは娘がいて母親だったオノ・ヨーコだったと言われています。

私が最も尊敬する映画人、チャールズ・チャップリンは幼妻ばかりを取っ換え引っ換えしたロリコン趣味でした。それぞれ一見すれば立派な変態趣味です。

そんなわけで我々創作に臨む者は変態でいいんです（罪さえ犯さなければ）。歴史が証明しています。いいえ、漫画家になるなら少なからず変態であるべきです。やおい、ロリコン、スプラッタ好き、おっぱい星人、ひねくれ者、自意識過剰、同性愛者、いじめられっ子、両親のＤＶで傷だらけだったり、異性に一度もモテたことがなくてもオッケーです。

その趣味や育ちが切ないほどの悲しみや苦しみを生み、それゆえの衝動があなたを突き動かすならば、作家として間違いなくサラブレッドです！

だからもう逃げ道がないと思ったら、自暴自棄になる前に漫画や小説にその思いを叩きつけるべきです。そうすることであなたは同胞の支持を集め、生きる意味を手に入れることができるでしょう。

つまり、あなたはそのままのあなたでいいんです！

作品が芸術か否かを見極めるには作者がどれほど内的な欲求に突き動かされたかによる

と思いますから。漫画家も全く同じです。

プロの漫画家でも驚くほど自分を反映させて漫画を描いています。漫画は漫画家の魂を写すということです。

ここでよく知られている例を挙げましょう。

あだち充先生最大のヒット作『タッチ』は「才能があるのにイマイチ頑張らない天才」と言われたギャグ漫画家で実兄のあだち勉さんがモチーフです。だからこそ兄への想いが込められた魂の傑作になったのだと思います。

フランスのカルト映画として名高いセルジュ・ゲンズブール監督の『ジュ・テーム・モワ・ノン・プリュ』。少年のような胸ペタの女のコ（ジェーン・バーキン）が同性愛カップルの片割れである美青年に恋をする話が描かれ、フレンチロリータ文化を世界に根付かせた名作です。実は監督自身が同性愛に憧れているのに踏み込めず、その代償として少年のような少女を愛していたと亡くなった後のインタビューで明らかにしています。

ただスキャンダラスというだけで作品が有名になったのではなく、行き場のない魂の炸裂が「酷いエロ」という批判をねじ伏せて一部の人々に絶大なる価値を与え、歴史に、人の心に残る鮮烈さを持ったのでしょう。

映画そのものを知らない人は多いと思います。観ても良さを理解できる人も少ないでしょう。でも、監督自らが作曲した美しいメインテーマは今ではファミリーレストランなどのBGMとして流れるほど有名になっているので聞けば分かる人が多いはずです。

あたかも構造やエッセンスだけでも面白い作品は描けると言いたげな入門書の類もありますが（すみません。前作への自省です）、それだけで作られたものは本物じゃないですね。真の求心力を持つことはありません。少なくとも描き手としての満足を得られるはずがないと思います。

優れた構造は役に立ちますが、それは強いモチベーションがあってこそのものです。だから思いのままに自分の一番恥ずかしい部分をまずは描いて下さい。何度も言いますが漫画は漫画家の魂なんですから。

２０１０年、東京都は東京都青少年健全育成条例改正案で『ＨＥＮＴＡＩ』漫画の表現規制を打ち出しました。でもそれは漫画やアート、文学の否定そのものです。ビートルズもそうですが、小説、映画、絵画に至るまでかつては堕落そのもののように言われた作品がたくさんあります。今はどうでしょう？　ビートルズの音楽を規制することがあるでしょうか。何が芸術かということは時が経たないと誰にも分かるはずがないのです。

これからの漫画家はただ描くだけではなく、自分の作品を読みたい人に読んでもらうためのリアルな行動が必要になるかもしれません。そのためには政治や世の中全般の情報も知っておかなければならないと思います。

2　ネームを描けない人が描けるようになる方法

描きたいと思える動機はあるか？

技術なんか関係なく、溢れ出す情熱を持ちあたかも獲物に襲い掛かる猛獣のような勢いで漫画を描ける人こそがプロフェッショナルな漫画製造業に向いた人だと思いますが、漫画家になりたいけれどそれほどではないという人も多くいます。漫画家にどうしてもなりたいけれどどうすればいいのかさえ分からない、何かを訴えたいけれどストーリーにならない、いろいろできないけれど何とかしたい情熱だけはあるという人も多いと思います。

私もそうでした。

そういう時、それまで何年か漫画に取り組んできた人が一番陥りやすいのは「何としても描こうと強く決心する！」という失敗です。今までできなかったことが決心一つで何とかなるはずがありません。根性は他の何かが伴ってこそ役に立つものです。

では、なぜできないのか。そこが大切です。

「描きたいものがない」

「描くべきものがない」

「描かねばならないと思えるものがない」

ということではないでしょうか。でも、それはなぜか？

自分自身に何もないからじゃないですか？　人生に特別な思いも知識もなくて、何かが描けるはずがないんですよ。描くために一番必要なものは「モチベーション」＝「描きたいと思える動機」です。では、どうすれば動機が手に入るのか？　それは動くこと、活動すること、そこから学ぶことです。経験のないことにチャレンジするのも一つでしょう。

・見知らぬ外国にできるだけ長期の旅に出る
・あえて漫画とは関係ない別の仕事に就いてみる
・今まで近づくこともなかった人間と付き合ってみる
・読んだことのない分野の本を読む

方法はいろいろありますが、とにかく人生にアクションを起こしましょう！

残念ながらすぐ描けるようになる即効性の薬なんてありません。「急がば回れ!!」です。

自分で自分の心を探っても、合わせ鏡のように同じ顔しか見えないものです。心理学者ですら自分自身のことは分からないと言います。

では、どうするか？

他人を知ることで、自分の、人とは違う長所と短所を発見できます。たとえば外国に行くと宗教的なものによる価値観の違いがよく分かります。20年ほど昔、エジプトに行ったことがありますが、エジプト人は施しを受けることを恥ずかしく思わないと知りました。今はどうか分かりませんが、当時の彼らは食べ残しの弁当をもらうと誰に恥じることなく喜んで食べていました。

「インシャアラー（神の御心のままに）**」**

彼らがよく使う言葉ですが、全ては神アラーの思し召しという考えです。施しは私達の手から渡っても、あくまで神によるものなのです。個人の品格に拘《こだわ》る日本人とは根本が違います。しかし、世界を見渡すと飢えている国が多いのですから食べ残しに手をつけないという方がよっぽどみっともない、恥ずかしい行為です。

このことはＳＦ作品で月世界を描くのに役立ちました。月に芽生えた文化は地球と全く違うはずだと考えて流刑の星、一夫多妻制の星にしてみました。歴史や宗教、環境が違えば価値観は変わってしまうことを実感として分かっていたからです。

たとえばインドはＩＴ産業世界一の国です。そうなったのは昔からインドにあるカーストという身分制度に理由があります。職業選択の自由がないので新しい職業を作り出して出世するしかなかったということです。当然、能力のある人はこぞって飛びつきました。その結果が今のインドです。

そんな身分制度のある国に住む人は自由なアメリカ的社会をどう思っていたでしょう？

- あの世界は素晴らしい。この国をもっと近づけたい
- あんな世界は許せない
- あの国の人になりたい

日本でも２００９年に公開されて大ヒットした映画『スラムドッグ＄ミリオネア』はそうした作者の思いで作られたと考えられます。調べてみると、やはり原作者はインドの外務省に勤務してトルコ、アメリカ、エチオピア、イギリス、南アフリカに赴任していました。自分の住む国が当たり前ではないと知ったからこそ生まれた話だったのです。

描く原動力は自分で作る

私自身は、中学2年のときに本気でプロの漫画家になると決めて描き始めていました。

でも、描いていたのは好きだった『超人ロック』（聖悠紀）を真似たような同人誌用の自慰行為漫画ばかりでこれが自分と言える作品は高校卒業までに全く描けませんでした。

そんな私はとにかく絵の勉強と描く時間を作るために大阪芸術大学に入学して、実家が遠かったこともあり寮に入りました。

ある日私が寮の四畳半の部屋で窓を開けると目の前では田植えが始まるところでした。

すかさずメモ帳とシャーペンを摑んでそこで起こることをメモしていきました。

それを題材にして冗談半分でお洒落な都会の少年が農業第一主義の田舎に引っ越してきて、恋した少女のために田植えで対決するという漫画を描いてみたところ友人達に大ウケ。

調子に乗ってジャンプに投稿するとそれが生まれて初めての受賞作（佳作）になりました。

つまり、描けない漫画を描けるようになるには今いる場所と違うどこかに移動して、違う誰かと接近することが役に立つということです。

漫画を描くべき原動力がなければ自分で作るしかないのです。

今私は故郷に帰るとその美しさに驚きます。植林されていない六甲の山々の美しさ、東京とは違う空の青さ……、子供の頃には気がつかなかったものです。

色を使って描く時にはそうした美しい景色が良い影響を与えてくれます。別の世界に行くことが住んでいた場所の魅力を教えてくれるということもあるのです。人に話したくなるような価値観はじっとしていても生まれません。

新しい趣味を見つけるのも良いでしょう。漫画にすることを意識さえしていれば、免許を取ってクルマやバイクに乗るだけでもネタが見つかるはずです。猫を飼うだけでも、猫の視点で人間世界を見ることで漫画になります。どの分野でも第三者の視点で見ると特別なドラマがあるはずです。体感したことはモニターで見ただけのものとは違って心に深く刻まれるのです。

さあ、パソコンやゲームにかじりつくのはやめましょう！　……なるべくね。

3　勝つための戦略

売れなければ食べていけない

ネームがある程度描けるようになったら、次にすべきこと。それはプロとして必要な戦略を練るということです。いかに勝つか、勝ち残るか。プロの漫画家を目指す以上、戦略を練ることは避けて通れません。漫画だけでなくどんな創作でもつくった作品が売れなければ食べていけないからです。

そんなわけで、観客を意識した戦略が緻密に練り上げられ、詰め込まれているお金のかかった映画を一つ紹介しましょう。

世界最大のヒットとなったジェームズ・キャメロン監督の映画『アバター』。これは3Dで観なかった人の多くがつまらなかったと言っているように、あくまで3Dで観せるための話として戦略が立てられています。

簡単に言うと異世界の3次元空間を体感するためだけの脚本になっています。まだ観ていない人のために内容について深くは語りませんが、当時は中国人の小説家が自分の書いたものと8割同じだと訴えたほどハリウッドにゴロゴロ転がっているようなどこにでもある侵略戦争についての話です。

だからと言って脚本の出来が悪いのではなく、普通の映画とは考え方、すなわち戦略が違うということです。

主人公のキャラクターから戦略は練られています。

まず主人公は足が悪くて自分の足では歩けません。

西暦2154年という宇宙時代、未来の科学が著しく進歩した時代の話なのに。SF的に考えるなら、無重力空間で歩けないことは大きな障害になりません。重力の影響を受けて大地を踏みしめ歩く必要はありませんから。

ただ、未来の話ならば思いのままに歩ける義足が安く手に入ってもおかしくないんですが、主人公はあくまで車椅子生活を送っています。現代の科学でも2009年の東京モーターショーでまるでパワードスーツかモビルスーツのような人間の歩行をフォローするホンダの機械が展示されていたくらいです。

つまり、この設定はジェームズ・キャメロン監督の確信犯です。

たとえ不自然であっても価値ある設定だと考えたわけです。

そこに戦略があるからです。

映画館の観客は皆、椅子に座っています。上映中は席を立たないので映画を観ている間は主人公と観客は同じ状況です。監督は車椅子の主人公と観客をシンクロさせて3Dで観る異世界を体感させようとしたわけです。

だからこそ主人公は『ダイ・ハード』のジョン・マクレーン刑事のように愚痴りまくるような強烈な個性はなく、普通の男というキャラクターで誰もが感情移入しやすいキャラクターになっています。この映画はこれまで大切にされてきたストーリーやキャラクターの面白さよりも3D体験をしてもらうための戦略でできているということです。

そのためストーリーは多少ありきたりでも3Dの魅力を損なわない、特別過ぎないものの方が良かったわけです。

そうした戦略を考えて見ると、『アバター』は遊園地のアトラクションのような面白さを持つ非常に良くできた新しい映画です。

同様に、ジェームズ・キャメロン監督は『タイタニック』においても、確かな戦略で映画を作っています。

制作費は空前の2億ドル超。監督も自身の報酬を注ぎ込んだと言われています。そこまでの大金をかけて作る以上、必ずヒットさせなければなりません。それが超大作です。ヒットさせるためには確実に需要のある作品にしなければなりません。恐らく監督はスタッフと共に誰が観たいと思えばヒットするかをしっかりと考えたはずです。その答えが船の沈没＝男の映画という常識に逆らい、女性のための映画にすることだったと思います。実業家だった私の父はよく言ったものです。「世の中の財布は女性が握っている」と。

　さらに言うと、男性が一人で観る映画の需要が近年激減しています。今や映画は女性が観るか、カップルで観るものです。

『タイタニック』のストーリーはハーレクイン・ロマンス（女性向けの甘々恋愛小説）のようになり、一般女性にとって理想的な映画になりました。

　男性が自分の価値観だけでレオナルド・ディカプリオ演じる主人公を見て「あんな男いねーよ」「話がつまらん」と言っても、監督は痛くも痒くもなく狙い通りだったはずです。多くの人に観てもらうためには男性が求めるリアリティは必要なかったということです。それでも大型客船が沈没するリアル感だけで男性も映画館に足を運んでいましたが。

　2010年末にはアニメ『宇宙戦艦ヤマト』の実写版『SPACE BATTLESHIP ヤマト』が大ヒットしましたが、これも見事に女性映画として作られていて感心しました。

オープニング。敵であるガミラスのレーザー攻撃がヒロインの瞳に映って、そのアップから引きでコックピット内のやり取りがあり空中戦へ。ヒロイン目線から物語を始め、従来のヤマトファンが求める薀蓄《うんちく》は捨て去り、泣けるエピソードのみを大切に感情重視の演出となっていました。

少女漫画に背景が少ないように、この映画ではヤマトが今何処にいるか、キャラクターは惑星の何処にいるか、地球滅亡まであと何日くらいなのか……など本来重要だった要素の説明に時間を割いていません。ヤマトは放送当時、リアルな設定が先進的で、それゆえにアニメブームを巻き起こした歴史的作品だったにもかかわらずです。

それよりも泣けるテレビ電話のシーン、主人公の唯一の家族であるアナライザーの死（これも泣ける）にはたっぷり時間を割いています。

従来のヤマトファンはその内容に激怒しましたが、設定を大切にした演出をしていたら新しい客は呼べなかったはずです。

調べてみると脚本は山崎貴監督の奥様である佐藤嗣麻子さん（『K－20 怪人二十面相・伝』の監督）の手によるものでした。

本来漢《おとこ》の物語であるヤマトの脚本をあえて女性に任せたというわけです。『SPACE

BATTLESHIP ヤマト』は従来のファンではなく女性が求めるものに絞り込んだ戦略が成功した作品と言えるでしょう。
つまり、ヒット作を狙うならば、そこにマーケットがあるかをまず考えなければならないということです。どんなに素晴らしい作品を描いても読んでもらえなければ世に残ることはないのです。

インパクトが漫画を救う

漫画に置き換えて考えた場合はどうか。やはり誰に読んでもらうかという戦略がないと自己完結だけの、自分だけが満足する作品となってしまう可能性が高くなります。

たとえば『テルマエ・ロマエ』(ヤマザキマリ)という漫画が2010年にヒットしました。知らない人のためにちょっと内容を紹介させてもらうと、古代ローマ人の風呂設計士がなぜか現代の日本、しかも銭湯にタイムスリップしてしまうというかなりムチャな話で主人公のローマ人は日本の風呂に入ってはその素晴らしさに感動して古代ローマに戻ってその技術をローマ風にアレンジして皆に喜んでもらう……。そんな漫画ですが風呂ネタやローマ人の生活がとてもリアルなので凄く面白い作品になっています。

でも、このハチャメチャな設定は戦略としても凄いですね。

掲載誌は月刊コミックビームという失礼ながらマイナー誌なので雑誌で読む人の絶対数は限られてしまいます。つまりインパクトによる口コミなしには大ヒットは見込めないということです。作者はそこをピンポイントに狙って描いたわけではないでしょう。でも、編集サイドにはそんな一か八かの狙いがあったはずです。ただでさえ近年は単行本一冊の出版部数はトップ漫画を除けば激減しているので、普通に良い漫画がヒットしにくくなっているのは事実です。

私自身もいくつかの出版社の編集者からこの耳で「良い漫画は売れない、いらない」と聞きました。

厳密に言えば、良い漫画がいらないのではなく、良い漫画であってもインパクトのないものはいらないということだと思いますが、それくらい単行本をヒットさせるためには特別な戦略が必要になっています。

だからこそ大ヒットする漫画を描こうとするならば、まず「何だそりゃ!?」と思わせるインパクトを残す。そうでなければ売れる、売れないの前に話題にも上らずに人に知られることすらなく消えゆくのみということになります。

映画ファンがハリウッド映画にうんざりしてカルト映画を観るようになったのと同様に、今の漫画ファンは嫌という程漫画を読んできたマニアが中心になってしまっていることと新しい漫画ファンが育っていないことが影響しているのでしょう。

メジャーな漫画として赤松健先生の『魔法先生ネギま！』を例に挙げます。この漫画は男のコのためのラブコメです。赤松先生とはお会いして話をさせてもらったこともありますが、「自分の描きたいことを描いたんじゃ作品はダメになる」と言っていました。

つまり、描きたいことより読者の求めるものを常に優先させるということです。軟弱、平凡で流されやすい男のコがいろんなタイプの可愛い女のコに不思議にモテてしまうというのが少年読者の求める話になりますが、それを実現するために赤松先生は自分の好みは捨てているのでしょう。

赤松先生は美少女よりむしろ熟女が好きなのだとか。実際には若くてきれいな方と結婚されているので若いコが嫌いというわけではないようですが……。

ただ、自分の欲望を抑え込んで描くのは辛く苦しいことだとは思います。

「売れればいいってもんじゃない」「そんなことのために漫画家になりたいんじゃない」という人も多いでしょう。

私もそうです。

赤松先生の場合は「人を喜ばせるのが好き」「ゲーム的に面白さを組み立てるのが好き」という二つの面が支えているのではないかと思います。でも、それぞれに自分がのめり込める好きな物語やキャラクターがあるはずです。

ただ、あなたが思っている以上にそれは多種多様で人それぞれです。

生まれも育ちもそれぞれ違いますから思いや好みが簡単に通じ合えるわけがありません。

だからこそ、自分の思いを人に伝えるために誰にでも分かる部分で読者を虜にしてしまわなければ、商業作家としては使ってもらうことさえないこともあり得るのです。

4 少年ジャンプ裏話・『こち亀』ドラマの真相

新規開拓を狙ったミスキャスト

閑話休題。私が専門学校で教えていた時に学生が最も描きたい雑誌を聞くといつも圧勝で少年ジャンプでした。そこでジャンプの内情の一つを話そうと思います。

いかに現在のジャンプが単行本の売れ行き中心に考えているのかという話です。

2009年に『こちら葛飾区亀有公園前派出所』(秋本治)が新しいキャストでドラマ化したことが話題となりました。

ミスキャストと騒がれ視聴率は悪く、番組としては惨敗と言っても良く、大きなニュースにもなりました。このことを知らない人はあまりいないと思いますが、誰もが知るくらいの話題になることこそが実は大事だったのです。

2009年版両津勘吉役はSMAPの香取慎吾さんが演じました。

なぜジャンプは看板たる名作『こち亀』のドラマ化にあたって、こんなファンの心理を逆撫でするようなキャストを許したのでしょうか?

芸能プロダクションのゴリ押し？　いえいえ、実はジャンプ編集部がこのキャストに大乗り気だったのです。それというのもジャンプとしては、これまでと同じキャストのテレビ化ではどんなに視聴率が良かったとしても単行本の購買層を新規開拓できないという予測から視聴率の獲得よりもこれまで『こち亀』を読んでいなかった層にアピールすることを選んだのです。

ドラマが始まった2009年8月の時点で、すでに単行本は164巻も出ていた『こち亀』です。100人に一人、いや1000人に一人でも新たな熱狂的ファンが生まれたならそれでいいという考えだったのでしょう。

熱狂的ファンが一人増えれば164冊売れるかもしれないですからね。

つまり、『こち亀』のドラマが以前と同じようにラサール石井さん主演で大ヒットして高視聴率を稼いだとしても従来のファンが喜んだり、スポンサーやテレビ局の儲けにしかなりません。ジャンプ的にはありがたくも何ともないということです。

ジャンプは巧妙です。いえジャンプだけじゃないですね……。

恐怖と自信をずる賢く使い分ける

基本的に出版社はまず利益を求めるものですから、我々漫画家も利益につながらないとなればいつ仕事を失うか分かりません。そのドライな決定に備えて、心をいつも強く持たなくてはならないのも漫画家の宿命です。

どんなに頑張って摑んだ連載でも人気がなければ終わります。その覚悟を持っていざという時は柳のようにスウェーバックでやり過ごし、衝撃を和らげて次につなげましょう。どんな強風でも折れないのが柳の木です。追い風には乗り、向かい風にはしなって風をいなすことができます。

ただ、連載を持つと大抵誰もが無理にでも思います。「オレだけは大丈夫！」。でも、大部分の漫画は打ち切りになり、長期連載になる漫画の方が少ないのです。

描いてる時は誰よりも傍若無人でいいので絶対の自信で挑み、勢いある原稿を描いて下さい。原稿を編集者に渡してしまったら、すぐに最悪に備えて次のスタンバイにベストを尽くしましょう。そうすればいつでも大逆転の用意ができるのでショックで描けなくなることもないはずです。

ボクシングの元世界ヘビー級チャンピオン、マイク・タイソンを育てたカス・ダマトは

「恐怖は火と同じだ」と彼に教えました。迂闊《うかつ》に触ると火傷するが上手く使えば役に立つと。漫画家も同じです。

いつ仕事がポシャるか分からない恐怖感と自分が最高だと信じて描く絶対的な自信。それを都合よく使い分けるいい意味でのずる賢さが必要なのです。

5

はじめてのアシスタント

技術よりもまずは人間性

多くの漫画家さんが口を揃えて言いますが、アシスタントにとって一番大切なのは空気を読み仕事場のムードを良くすることです。技術は後からでもついてくるのでまずは人間性ということですね。

まず先生や編集者、先輩にしっかり挨拶しましょう。午後集合でも「おはようございます」のところが多いようですが、空気を読んで先輩達と足並みを揃えて下さい。

最低限の清潔さも共同生活では大事です。仕事の前日くらいは風呂に入るかシャワーを浴び、髪も洗いましょう。

仕事が始まったら積極的に仕事をする。声を掛けられるまで待つようではいけません。目の前の仕事を終えたらすぐに次の仕事を求めましょう。自分がこの仕事を終わらせるんだという気概で臨むことがチームワークにつながります。

ただし先生に「できました！」と声を掛ける時はタイミングを大切に。先生が集中してペン入れしているのを乱してはいけません。ペンが原稿用紙から離れた瞬間を狙って声を掛けて下さい。

長時間の繊細な仕事は肩や腰に負担をかけます。慣れればどうということもないのですが、腰の痛みが激しい場合は椅子と机の高さが合っていないので気をつけましょう。快適に仕事に取り組む工夫をすることも大事です。

リテイク（やり直し）になっても言い訳はしないように。同じミスさえしなければいいのですから言われたことはメモして目の前に貼って、常に注意するようにしましょう。言い訳をして同じ失敗を繰り返すのは最悪です。最初は下手なのが当たり前。分からないことは恥ずかしがらずに尋ねて知識を得ながら成長していけば良いのです。最初は下手でも進歩する人間なら嫌われたりはしません。

自分のミスではない部分でリテイクを指示されても「そこは私ではありません」と言うのも控えましょう。野球と同じ

背骨の歪みを矯正する漫画家向けストレッチ

漫画家の中には朝、スタッフみんなで体操する方もいます。過酷な仕事だから、まずは健康あってこそということですね

※必ず両方の足でやって下さい。胸を突き出すようにして背骨をのばせば腰痛に効果があります

ように、個人が自分の仕事をしっかりやって他の人のリカバリーもできるのというのが理想です。流れるようなチームプレーで作品を仕上げていく仕事場の活気はそのまま原稿にも表れるのです。

次にアシスタント仕事を長く続けると一番の楽しみが食事になってしまうのですが、最初は出前一つでもどのくらいの値段のものを頼めばいいのか遠慮してしまいがちです。気分良く仕事をするには美味しいものにありついておきたいものですよね。

そんなわけで、まずは先輩にこう尋ねてみましょう。

「おススメはありますか?」

この一言で値段を気にせず一番美味しいものにありつけるでしょう。

先生によってはアシスタントの栄養に気を遣ったり、遠慮されないように多少無理をしても高めのメニューを注文する方もいます。遠慮しないで美味しいものを食べることが場の空気を乱さない場合もあるのです。ただし、美味しかったらはっきり周りに感想を伝えることを忘れないように。

同様に仕事のことでもよく分からないことは先輩に尋ねましょう。教わったことから何かを学べたら「ありがとうございます」としっかりお礼をして下さい。こうしたことは社会生活全てに通じることかもしれません。

そんな相手の気持ちを思いやったコミュニケーションこそがアシスタント仕事の最重要ポイントです。

6 アイデアはどうやって出すのか？

頭の中だけではアイデアは生まれない

なんとなく寝転んでリラックスした方がアイデアを考える時に良いように思うかもしれませんが、それは最悪です。

ベッドに寝転がって「考えてるんだ！」なんてさぼる言い訳です。まずは机に向かって紙とシャーペンと消しゴムを用意しましょう！

くだらないことのようですが大切なことです。

良いアイデアは頭の中で知恵を絞れば出てくるというものではないのです。無から有が生まれるはずはないので思いついたことからどんどん紙に書いて、並べて組み替えて、考えてみることが大事です。

そこで必要になった情報、はっきりしてきた欠点なども全てメモしてその対策も具体的に書き出します。問題点は解決する度に線を引いて消していくとすっきりします。そうしていくとおぼろげだった面白い作品のイメージがはっきりした形になっていきます。

では、なぜ頭の中だけで考えたのではダメなのか？

自動車メーカーのホンダがP2、P3、そしてASIMO《アシモ》という一連のロボット（ヒューマノイド）をこの世に生み出して以来、ロボットは当たり前のように人間そっくりの二足歩行ができるようになりました。でも、ASIMOが登場するまではどんなスーパーコンピュータも数学の天才も、物理学者でさえ人間のように歩く仕組みを考えだすことはできませんでした。

ホンダの場合は自動車メーカー特有の手作業によるチューニング、つまり実際に形にしながら修正を積み重ねて人間と同じような二足歩行を実現しました。

一旦できてしまえば経験の科学として応用することは簡単です。

たとえば医療現場では当たり前のように麻酔が使われています。ただ、麻酔を使うことは経験の科学でしかなく麻酔がなぜ効くのかは分からないと数年前にあるスポーツドクターから聞きました。

頭の中だけで考えることは実は上っ面しか考えていないことだという格好の例と言えるでしょう。

行き詰まったら机を離れてみる

漫画を描くのも同じです。

ああでもない、こうでもないとできるだけ具体的に試行錯誤して推敲していくことで論理を超えた、考えもしなかった作品に到達できます。

特に漫画において一番大切とも言えるキャラクターについては文字だけでなく絵にしながら、この面構えの男、この可愛い女性はこんな時、どんなことを言うだろう？　何がうれしくて、恥ずかしいのだろう？　どんな時に一番輝くのだろう？　……そんなふうに考えていくことでキャラクターのチューニング（微調整）をします。

「創造」とは動いて初めて形になっていくようなものなのです。

それでも行き詰まった時にはどうするか？

脳科学では歩いたり走ったりすることが脳を活性化すると言われています。私もアイデアに詰まった時は外の空気に触れながら歩くと思いつくことがよくあります。意外かもしれませんが、漫画家は机にかじりついているだけが偉いわけではないのです。高い競争率と技術の向上ゆえにメジャー戦線ではアスリートのような自己管理も求められる時代になってきているのです。

傑作を生み出すためにも「心技体」の三拍子を揃えて挑みましょう！

7　理想の編集者と出会う方法

漫画を創る編集者の才能

私は紙にペンとインクで漫画を描いて投稿するようになってから30年以上になりまして……。しかも売れたり売れなかったり、売れなかったり売れなかったり（笑）を繰り返したおかげで、幸か不幸かいろんな編集者とやり取りをしてきました。

ざっと思い出せるでけでも、今は亡き少年キングから始まって、週刊少年ジャンプ、週刊少年マガジン、月刊少年マガジン、週刊少年サンデー、今は亡き月刊少年ジャンプ、週刊少年チャンピオン、週刊ビッグコミックスピリッツ、週刊ヤングジャンプ、週刊ヤングマガジン、これも今は亡き月刊少年ファング、週刊コミックバンチ、ヤングキング、スーパージャンプ、そして月刊アフタヌーンに週刊漫画サンデー、ケータイ漫画の某社と20人以上の編集者とお付き合いしてきました。

そんな中で良いと思った人とそうではない人がもちろんいるわけですが、その基準について話しましょう。

もちろん理解力や知識力が優れていたり性格が合っていることも大切ですが、私はネームを読んでもらった時に自分の描きたい方向性を外さないで作品について指導、というか話をしてくれることが大切だと感じています。

とにかくこちらが描きたいと思っていることと全然違うことを次々提案されたのでは作品を理解していないんじゃないかと不安になります。方向性の違う提案は混乱を呼ぶだけでこちらのやる気をそぐこともあります。

作家にやりたいことがあってそれが雑誌の傾向と対策を外していないのに自分の価値観だけで勝手な修正や物語を押し付けるのは最低の編集者でしょう。

大手出版社の編集者は皆、優秀な大学を出ていて勉強のできる人が多いわけですが、漫画を創るために必要な才能は学業とはまた別のものです。

編集者の誰もがネームを読んだ時に理解力を発揮してくれるとも限りません。人間の価値観は様々なので能力とは関係なく作品を理解してもらえない場合もあります。

時には勇気ある無視を

たとえば私は生きるためにお金は必要だと理解していますが、金儲けという言葉は好きではありません。もっとはっきりと正直に言ってしまえば「金で買えないものはない」なんて言う人が死ぬほど嫌いです。

でも、世の中にはお金が大好きなのに魅力的な人も当然います。ただ、私にとってはそれがどんなに魅力的な美女であっても壁の向こうの人でしかないわけです。

だからどんなに努力してもこの人とは合わないと思ったら、その編集者と作品を創るのは諦めることをおススメします。

ただでさえ食える漫画家になるには四六時中、漫画のことを考えて休まず働き続け、睡眠を削り、そのうえアシスタントの機嫌を気にしたり、過酷なほど神経を削る作業が山ほどあるわけです。

なのに本来の目的である漫画が思い通りの方向性ですらないとなれば、それはもうやってられない苦しみになるのは目に見えています。

勇気を持ってこちらから無視しちゃいましょう。

編集者は才能がある作家でもやる気を見せなければあまり興味を持たないものですから、無視するだけで連絡はなくなるはずです。

わざわざ「あんたとはやっていけない！」と遺恨を残す必要はありません。

8 お金の話

原稿料の最低ラインは？

「別に漫画が好きなわけじゃないけど、儲けたいから……」という人はまず漫画家にはなれないので論外として、現実的に漫画家の収入がどれほどかは気になるところです。

漫画家になるにも、なってからでも戦略上知っておかなければならないでしょう。夢を現実にするためには具体的なプランも必要です。

（お金の話題は漫画界ではタブーです。今もその傾向はあるのでここで紹介する金額やシステムは必ずしも最新のものではないことを理解した上で参考程度にお読み下さい）

原稿料はまともに漫画家を育てる気がある出版社なら最低でもページ1万円前後から始まります。5000円以下というのは漫画で生きていける金額ではないので、プロになりたいならば断るべきです。またこうした常識のない提示金額の仕事を請けることは原稿料の価格破壊になり漫画家の自滅につながります。今日明日を生きていくために仕方のない場合を除いては断固として断るべきです。そもそも5000円以下の金額ではクオリティの高い作品を描くのは困難です。しかも読者は作家がどんな状況で描いたかまでは考慮してくれません。どんなに安い原稿料で描いても読者はその作品で作家を評価します。

連載になれば原稿料は少し上がり、少年ジャンプでは1万8000円ほどになると聞いています。さらに年間専属契約が始まり、連載準備金も用意されます。これは100万円くらいからでしょうか。具体的には仕事場を借りるための費用、引っ越し代、アシスタントの机や道具代など大きな出費になるのでそれくらいでは足りない場合もあります。かつては担当編集者が自腹を切ってお金を貸したこともあったようです。マンツーマンで育てるジャンプならではのエピソードです。ただ、新人によって格差があるということで現在は待遇が統一されてその分原稿料は上がったとも聞いています。

少年マガジンでは「単行本を出していない新人」という条件付きで、アシスタント代2名分が連載準備金として補助されるようです。さらに専属契約もあるそうなので出版社の中でも優遇されていると言えるでしょう。

ジャンプ、マガジンとは違って連載準備金はないという会社も多いようです。ただお金がない新人には担当編集者が融通してくれることもあるのでどのくらい制作費が足りないのか正直かつ具体的に話してみるといいでしょう。

少女漫画は連載準備金がないのが普通のようです。男性向け漫画と違って背景が少なくてすむからということかもしれませんが厳しい条件です。実家に住んで連載できない場合は大学や専門学校に行かせてもらって、その間に連載を始めて漫画家生活を軌道に乗せるなんて方法が現実的でしょうか。

さらに紙ではなくデータで入稿することが当たり前となりつつある現代では軌道に乗るまでは実家で描き続けるというのも選択肢の一つでしょう。

アシスタントの給料

アシスタントとして働きながら自分の漫画を描く場合のお金についても紹介しましょう。基本的に月給は15万円くらいです。キャリア二十数年の中堅漫画家である私も基本給としてその額を払っていました。ただし、仕事場にいる間の食費は作家持ちです。キャリアのある人、デビューしている人にはもっと払います。これは他の売れている漫画家もほぼ同額のようです。その程度の月給がないと東京で暮らせないということもありますが、その辺りが漫画家が原稿料でやりくりできる限界です。

ただし原稿料の少ない漫画家を手伝う場合にはもっと少ないこともあります。この場合漫画家を恨まないで下さい。「無い袖は振れない」というだけで意地悪ではないのですから。一部の売れっ子以外の漫画家というのは印税を除けばそんなものです。

中には本物の意地悪な漫画家もいるようですが、そんな場合は迷惑をかける前にさっさと辞めちゃいましょう。

昨今はベテラン漫画家でも単行本を出してもらえないケースが出てきました。こうなると漫画家は描いても収入がないということになります。原稿料が制作費、印税が収入というのが漫画家の通常のあり方だからです。

漫画を描いては損をして、アシスタントで稼いで収支の辻褄を合わせている若手漫画家もいるほどです。競争率の高い商売ですから甘くないということですが悲観しても仕方ありません。漫画家は映画監督と同じで持っている資金やスタッフの範囲でしか描けないものです。どの雑誌に行けば自分に必要な資金が揃えられるかなんてことも考えておいて損はないでしょう。

描き手の安定だけを考えれば、アシスタントを使わなくても仕上げられるように絵柄をシンプルにして最小限の描き込みで最大限の効果を目指すという方法もあります。でも、描きたい方向性によってはやりたいことができなくなる負のスパイラルに陥る可能性もあるので注意が必要です。

大作志向であれば最初からそのつもりでアシスタントを育てて、広めの仕事場を借りましょう。さらに資金を用意して、税金対策をして大作を描くためのシステムを早めに作った方が長い目で見ると良いはずです。

9 漫画進路相談室

大学で漫画を学ぶということ

どちらかと言うまでもなく中上級者向けの漫画家入門である本書ですが、読者の中にはまだ中学生、高校生も少なくないと思います。そうなると進路選びも重要な問題です。現在、漫画学科のある大学だけでもこんなにありますからね。

○宇都宮文星短期大学 地域総合文化学科 アートフィールド ○大垣女子短期大学 デザイン美術科 マンガコース ○大阪芸術大学 芸術学部 キャラクター造形学科 漫画コース ○大手前大学 メディア・芸術学部 マンガ制作専攻 ○京都精華大学 マンガ学部 ○桐生大学短期大学部 アート・デザイン学科 マンガ・コミックイラストコース ○神戸芸術工科大学 芸術工学部 まんが表現学科 ○宝塚大学 造形芸術学部 想像力創造学科 マンガ研究室 ○東京工芸大学 芸術学部 マンガ学科 ○徳山大学 経済学部 ビジネス戦略学科 知財開発（マンガ・アニメ・メディアデザイン）コース ○名古屋造形大学 マンガコース ○文星芸術大学 美術学部 美術学科 マンガ専攻 ○別府大学 文学部 国際言語・文化学科 マンガ・アニメーションコース ※50音順

そこで本書の監修者であり神戸芸術工科大学芸術工学部まんが表現学科准教授として教鞭をとられている菅野博之先生に、現在の漫画と大学事情について語っていただきました。

以下がその文面です。

漫画を大学で学ぶことを考えたとき、いわゆる美術大学形式の自分が学びたい項目を選んでゆく授業形態では「なるべくしてなる人」しか漫画家になれないように思えます。美術大学ではない形式の大学については、それはそもそも大学なのか？という疑問符がつくものになるのではないかと思っています。

大学における漫画という科目は、新規な科目であるとともに特殊な科目でもあると思います。漫画教育の特殊性は『漫画』というもの自体が生み出しています。まずコマを割って↓絵を描いて↓台詞を入れて↓下書き↓ペン、ベタ、ホワイト、仕上げをし↓完成、とこれで漫画らしきものはできるわけで、他の絵画や映画（機材、技術、人の手配が難しい）、小説（相応の分量が必要）等に比べて達成感を簡単（安価）に手に入れられます。

しかし、さて次に何をするべきかと考えたときに膨大な課題に直面してしまいます。

絵・ストーリー・コマの割り方がそれぞれ壁として「キャラクターの魅力・背景・

世界設定・描けないものがある」、「キャラクターが動いてくれない・定盤以降お話が進まない・続きものになってしまう」、「そもそもどうやってコマを切っていいかわからない・気分・顔ばっかりになってしまう・人物が棒立ちで動きがない」となかなか乗り越えるのが難しい大きな障害として立ちふさがってきます。

それぞれが難しい課題な上、漫画ではこれらの要素が互いに有機的に結びつきあうことで読みやすい作品ができ上がっているのです。絵柄は物語の描き方、使える構成の幅に影響を及ぼし、物語や構成に合わない絵柄ではそもそも読んでもらえないですし、物語は物語に合った絵柄、構成がなければ話は面白いんだけど残念な作品になります。構成はその構成を活かせる絵、物語がなければ単に奇を衒《てら》った変な漫画になります。絵も、物語も、構成も、どれかだけが上手ければ大丈夫というわけにはいきません。三要素がバランスよく成長することを要求されるわけです。

「絵とストーリーと構成のバランス」これまでの人生でそんなもの要求されたことなど無いはずです。絵は美術や落書きで、ストーリーは国語や妄想（?）で、構成は落書きでコマを割ったことがあるかな?　程度でしょうか。おそらく気持ちとしては「バランス……なんじゃそら?」と問いたくなるようなものが漫画を描いていく上でとても大事なのです。

もう一つ大きな問題になるのは「大学で漫画を学び」、その結果として漫画家になるという目的を設定することです。環境のせいで妙に真面目になってしまい、「自分が一番何を表現するのに楽しみを覚えるか」という快感原則は無視して、いわゆる良い作品を描くことを目指してしまいがちになるのです。しかもその方向に行くと未完の墓場が……。

内容はなんであれ「私はコレを描いていると楽しくって楽しくってしょうがない」というものが自分が表現できるものである場合がほとんどです。そういう作品は楽しんでいるうちに完成します。逆に「コレを表現したいと思って描いているんだけど、いつも途中で止まってしまう」ものは背伸びをしているか、そもそも自分がその時点では表現できないものに挑戦してしまっている可能性が高いのです。でも大学で学んでいるのだから良いものを描きたい、そう思ってしまうのでしょう。

技術的には「絵とストーリーと構成のバランス」、個人的には「表現欲とプライドと快楽のバランス」この2つのバランスを取っていくことこそが漫画を学ぶことと言えます。

さて、こうして漫画に必要な要素を考えていくと「バランス」が一番重要な要素であることがわかると思います。バラバラの作画要素、バラバラの自分自身の気持ちを統一するバランスは個性そのものなので教えることができないのです。自得できた人だけが漫画家になれるとすると、一番大事なことは教育できない教育機関ということになってしまい、大学で漫画の教育はできないという結論に向かってしまいそうです。

しかしそうではない可能性が一つあるのです。……ここで例え話を使って分かりやすくしてみましょう。子供の頃、自転車に乗れなかった頃を思い出してください。友達が次々と自転車に乗れるようになっていったので、自分も乗れるようになりたいと思ったのではないでしょうか。そして何度も転んで、バランスをとりながら自転車を漕ぐという難しい作業ができるようになって自転車に乗れるようになりました。さて、友達が誰も自転車に乗れていないのにあなたは乗ったでしょうか？　誰も乗っていないのに怪我をしてまで乗ろうとするでしょうか？　友達みんなが補助輪を付けているのに補助輪を外しますか？

やり始めてしまえば慣れていってできるようになることでも自分が痛い思いをし

たり、別にそこまで頑張らなくてもいい環境にいたらおそらく一部の放っておいても頑張る人以外はやり始めないと思います。そこに漫画を学校で学ぶ意味があるように思います。

ただ、その前提にはみんな仲良くライバルにという現代的ではない人間関係が必須になります。中央大学や多摩美術大学の漫画サークルで一人プロが出ると連鎖的にプロが輩出される例が見受けられるのは、親しい仲間からプロの世界に旅立っていく現実が目の前に現れてきたときに仲が良ければ「なぜ彼がなれて自分がなれないのか?」というい意味でのモチベーションになってくれるからでしょう。仲がそれほど良くなければ「彼は彼、自分は自分」になってしまいそのような意味でのサークル効果は期待できなくなります。

みんながお互いにライバル視をしながらもサークル活動レベルで仲がいい大学。設定自体を間違えたんじゃないかという前提条件が漫画を大学で学ぶ時にもっとも有効なスタイルではないかと思います。これが最初に書いた、それはそもそも大学なのか? という大学の姿です。大学がその形を持っていなければ学生たちが自分たちでそのような場所に作り替えていけばいいと思います。そしてそのような大学で学ぶことができたら、そこで学んだ学生さんたちの絆は強く、人生に必要なことをお互いからたくさん学ぶという大学の環境で得るべき最大の価値を手に入れられると思います。

（菅野博之）

菅野先生ありがとうございました。

私自身は4年間漫画を描く時間が欲しくて大阪芸大へ行ったのですが、その前に絵がとにかく苦手だったので芸大に入るための予備校に通いました。そこで学んだデッサン、色彩はとても有益な知識になっています。

大学に入った後も先輩に克・亜樹先生やＭＥＩＭＵ先生、同期にナカタニD.がいて、それぞれが在学中からデビューして活躍していたので、いろんな意味でいい刺激になり技術や志も学ぶことができました。

さらに上の先輩にも島本和彦先生や庵野秀明監督、田中政志先生など、既に学校には来ていなかったもののバリバリのプロがいて、自分のいる世界から遠くないものだと感じさせてくれたのもいい影響を与えてくれました。

それ以上に大阪芸大はバカと天才が混在する個性の集まる場だったので、毎日が刺激的で人間を知るという意味においても最高でしたね。他人を知ることで自分を知り、己の特殊性を自覚したからこそ自分のどこを研《みが》くべきかが分かりました。

ただ、それは私の場合です。それぞれのケースがあるので必ずしも同じような道をおススメするというわけではありません。

地方の専門学校もレベルは高い

大学へ行く資金がない場合もあります。4年は長すぎると専門学校を選ぶ場合もあるでしょう。地方に住んでいたら地元の専門学校に行くか東京に出てアシスタントをするしか選択肢がない場合もあります。でも、残念に思う必要はありません。私が知る限り、地方の専門学校はやる気・実力共にレベルが低くないことが多いからです。

逆に地方出身者には東京の専門学校の方がおススメしにくいくらいです。

ヤングジャンプのある編集者が言っていたことがあります。

「東京に住んでいるなら専門学校なんて行かなくてもいい。出版社の編集部というタダの学校があるのだから行く必要なんかない。そこに気づかなかったり、チャレンジする勇気がないならその時点でアウトだろう」

まったくもってその通りです。すぐ側に実戦に近い場があるのだから活用しない手はないはずです。最初から実戦を想定した方が集中できるのは決まっていますから。東京には遊びの誘惑も少なくないので、東京に来るならアシスタントをしながら自分の漫画を描いて、持ち込みの常連になるべきです。

無理して地方の専門学校より東京の……と思う必要はありません。特に新聞配達をしながら専門学校の寮になんて話はどうかと思います。毎日、過酷な新聞配達で授業中は寝てばかりになってしまい課題すらこなせないという学生も多いからです。直ぐには編集部に相手にされそうもない実力だがどうしても漫画家になりたい、そのための勉強をしたいと言うなら地元の専門学校へ行くべきでしょう。もちろん、金銭的余裕や必要な学力があるなら大学も良いです。専門学校よりちょびっとだけレベルの高い学生が集まっています。

普通に就職するのも漫画家への道

画力に自信がある場合は漫画と全然関係ない道を選ぶのもいいでしょう。自分だけの特殊な知識は長く漫画家を続ける上で有利に働きます。急がば回れということになりますが、これが一番勇気のいることでもあります。

そういう意味では普通に就職することも漫画家になる一つの道です。サラリーマンを経てなった人は大抵漫画家として長寿の傾向があります。実力が現段階ではプロとして足りないけれど、就職しても描き続ける自信があるなら違う職を体験するべきだと私は思います。そこで働く人の意見に耳を傾けて、いつか自分も味わった仕事のストレスを解消する漫画を描くのもいいでしょう。はっきり言って漫画家の生活は良くも悪くも生きがいに溢れたもので言われた仕事を定時までやればいいという仕事とは根本から異なります。

だから漫画家がサラリーマンの話を描くためには十分な取材をしないと難しく、彼らの求めるものも分かりません。

サラリーマンのストレスが体感として分からないわけです。しかし多くのサラリーマンが出勤途中に漫画を読んでいます。そこは参入できる漫画家が少ない大きなマーケットです。決断には勇気が必要ですが自分に即戦力がないと思うならおススメの進路です。

もちろん、どんな仕事も懸命にやらなければ本質は見えません。サラリーマンだろうが、主婦だろうが、教師だろうが全力で取り組んでいけば、そこには漫画のネタや描くモチベーションが必ず埋まっているはずです。

アシスタントは一番の近道!?

最後にもう一つ、アシスタントという道も話しておきましょう。どこの雑誌も有能なアシスタントは足りていません。だからといって人気の大御所アシスタントにはなかなかれません。望むところにアシスタントに行けるというわけでもありません。

その前提の上で言いますが、根性と情熱に絶大な自信があるならアシスタントは漫画家になる一番の近道です。専門学校の2年で教わる知識は3ヶ月ほどで身に付くはずです。

そもそも学校では絵や漫画がヘタでも怒られません。でも、仕事場では1コマ描く度に怒られたり、不甲斐なさや自責の念で落ち込んだりします。ヘタしたらクビですからね。絶対に上達しなければいけないというモチベーションが学生とは圧倒的に違ってくるはずです。アシスタント経験の豊富な漫画家・瓦屋A太先生の言葉です。

そうでなくともアシスタントの仕事は過酷なのです。拘束時間が長いこともありますが、自分のリズムで生活できないので体調維持も困難です。自分の作品を描き続けるには「よほどのガッツ」がなければ無理です。でも、メジャーな雑誌で週刊連載するような漫画家になりたいならその「よほどのガッツ」が必要になるということも覚えておいて下さい。

また、アシスタントは裏方ではあるものの、大御所のそれとなればあまり売れない漫画家よりははるかに儲かります。そうなると簡単には儲けられない漫画を描くのが嫌になってしまいがちです。そうはならないように勢いのある漫画家のところに1、2年程度行けば十分だと思います。

そうして描きまくってもデビューできないとしたらみんなが知らないような仕事に就いてネタ探しと自分探しからやり直すと良いでしょう。

第二章

戦う秘策

10 黄金比φ（ファイ）とバランスの応用

かつて工業製品のほとんどは目的のための形であり、必然の形でした。テレビ、扇風機、自転車、電球……、昭和初期のものには味があります。

それらは機能美に溢れていたのですが科学の発展した現代では機能は極めてコンパクトに収めることが可能になりデザインの自由度が高まりました。

たとえば1999年に日本でも販売されるようになったフォルクスワーゲン・ニュービートルというクルマがあります。

このクルマはアドルフ・ヒトラーの国民車構想から生まれ、発表以来65年間にわたる製品寿命を保った唯一の四輪乗用車であるフォルクスワーゲン・ビートルをデザインモチーフに後継車として作られました。でも、この2つのクルマは形と名前以外に似た部分はなくレイアウトからコンセプトまで全く違います。

ニュービートルは形以外はドイツのカローラのような存在であるフォルクスワーゲン・ゴルフの外側だけを載せ換えたクルマなのです。古き良き名車のイメージだけを受け継い

VW
Beetle

旧ワーゲン・ビートル

VW
NEW Beetle

ワーゲン・ニュービートル

旧ビートルはリア、ニュービートルはフロントとエンジンの位置からして違う２台なんニャ

だわけです。

だからニュービートルには機能美などあるはずもなく「形のための形」と言えます。発注されたデザイナーは困ったことでしょう。「速く見える」「便利そう」というコンセプトがこのクルマには存在しなかったのですから。

そこで採用されたのが、黄金比ϕだったのです。

漫画にも応用できる黄金長方形と黄金螺旋

黄金比ϕとは何か。知らない人も多いと思います。デザインをする上で最も美しいと言われる比率のことで古代ギリシャの頃から様々なデザインの基礎として使われてきました。ヨーロッパでもパリの凱旋門、ミロのヴィーナス、ギリシャの遺跡・パルテノン神殿などで応用され、レオナルド・ダ・ヴィンチによって命名されたという普遍的な究極のデザインバランスです。

簡単に言うと何か分割したいものがあれば、62%と38%で分けてみて下さい。収まりが良くなるはずです。

73ページ・図**10-2**の長方形。その縦横比が黄金比です。

図10-2 最も美しいバランスの黄金長方形

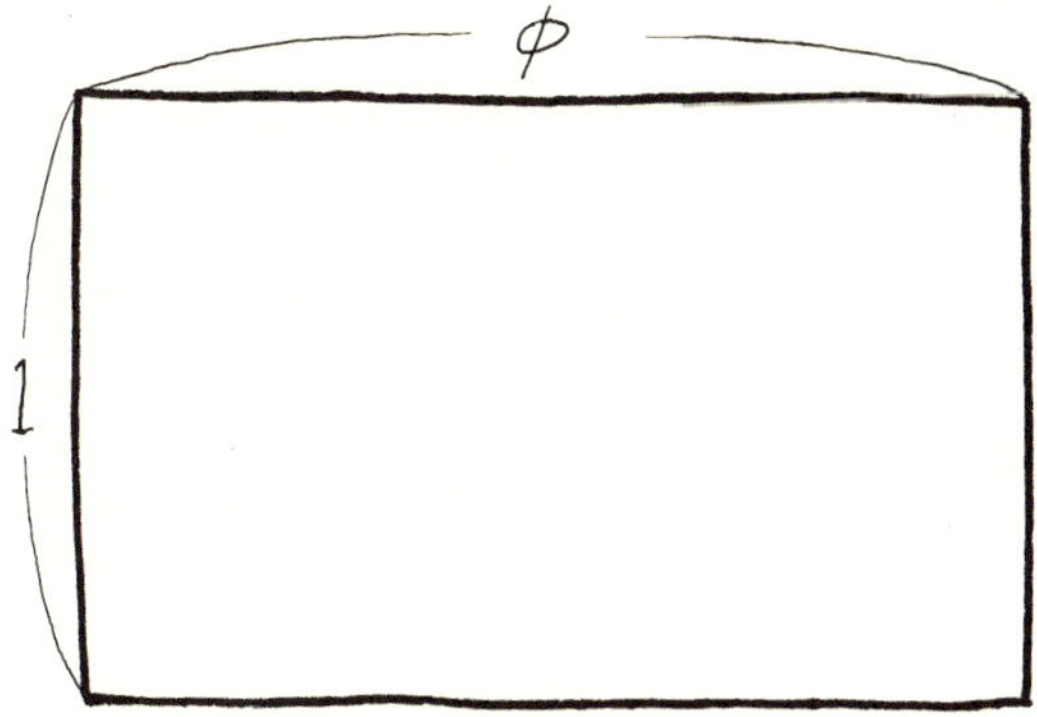

図10-3 黄金比が潜むニュービートル

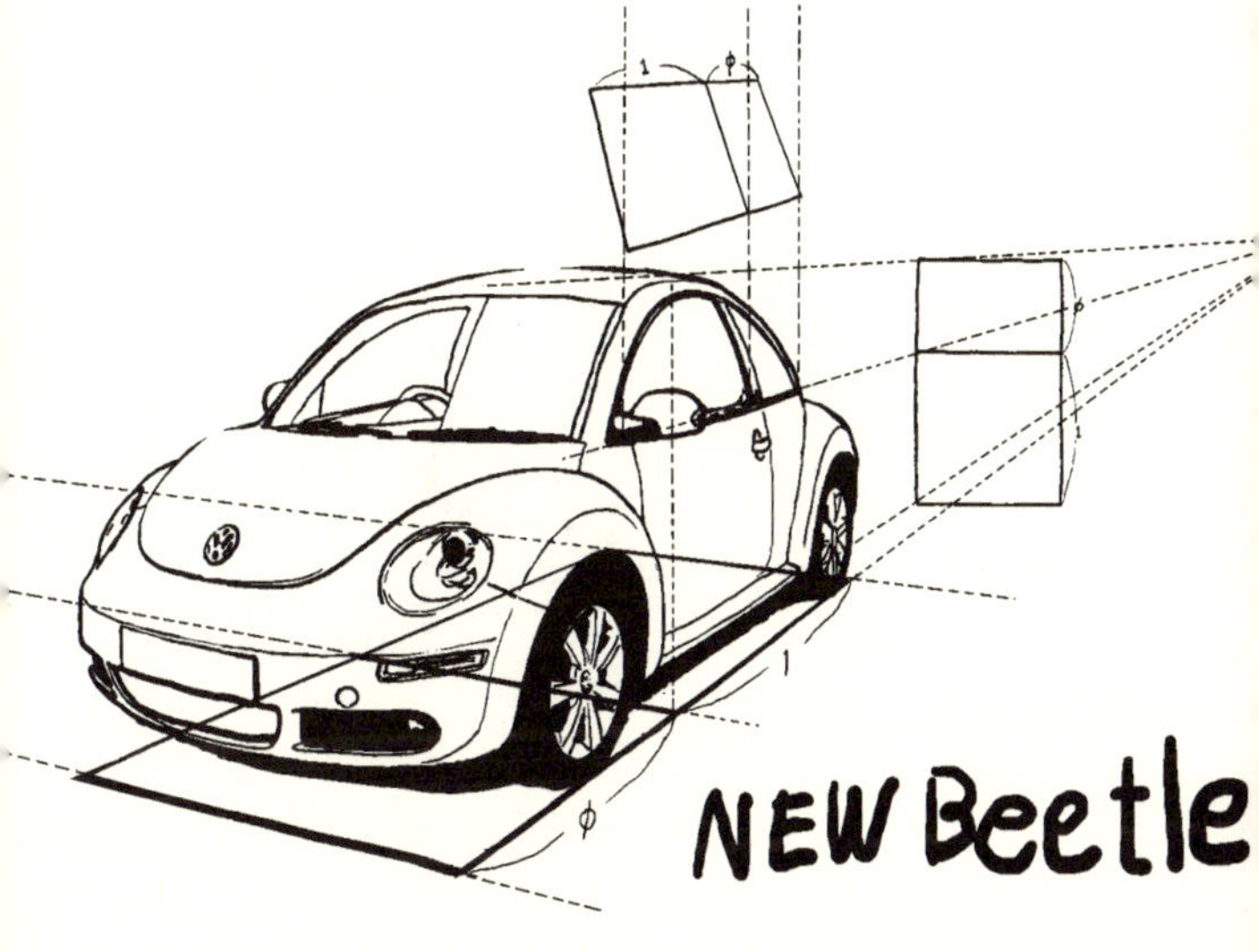

いろいろなところが黄金比の塊のようなデザイン

図10-4 黄金長方形の描き方

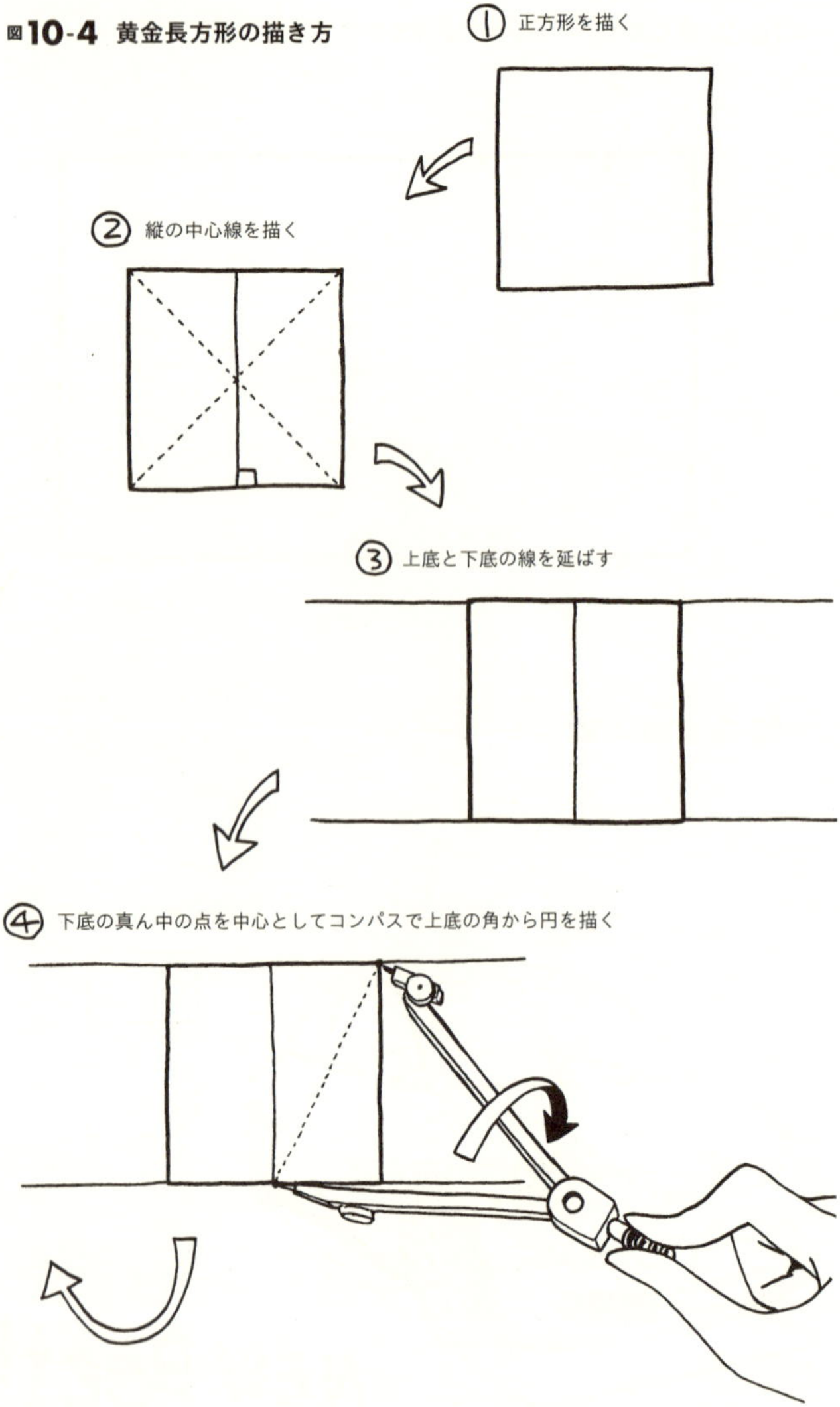

① 正方形を描く
② 縦の中心線を描く
③ 上底と下底の線を延ばす
④ 下底の真ん中の点を中心としてコンパスで上底の角から円を描く

⑤ 下底の延ばした線と円の線が交差する点から……

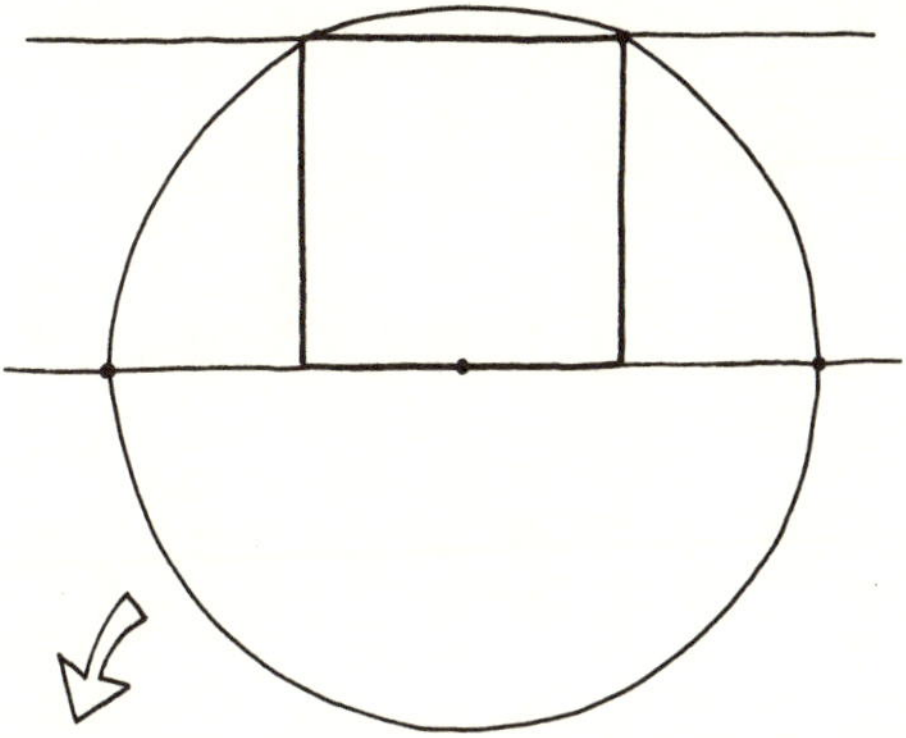

⑥ 正方形の縦線と平行の線を延ばし……

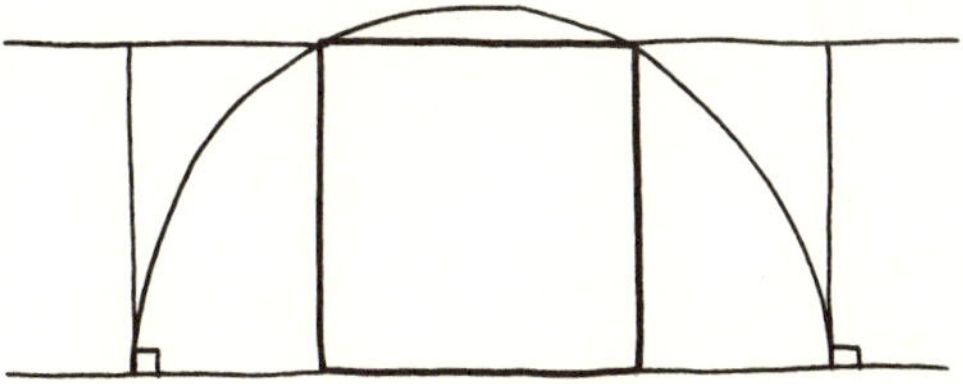

⑦ 横にできた長方形（どちらか）と正方形を足したものが「黄金長方形」

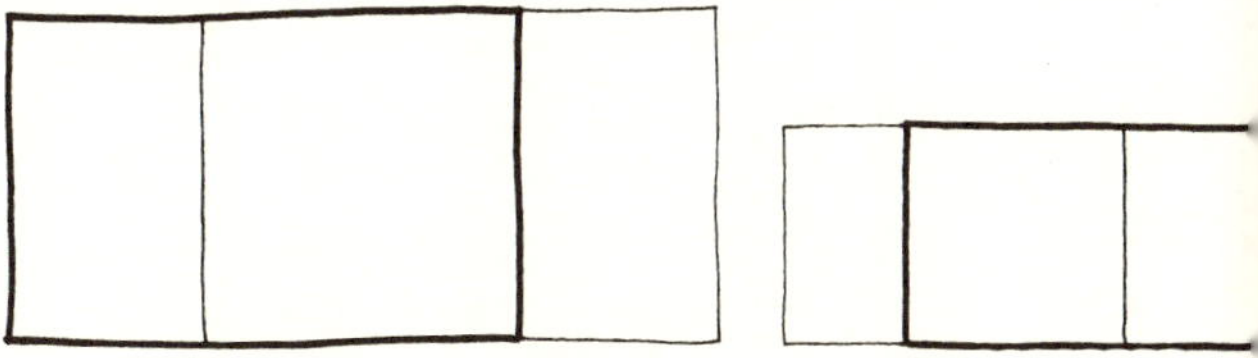

⑧ この時の分割比も「黄金比」

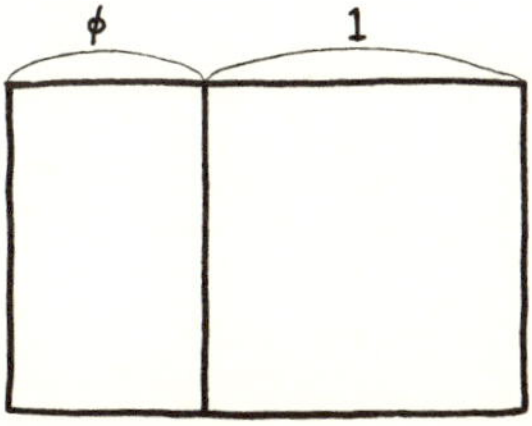

そして黄金長方形の縦の線を一辺として正方形を作ると残った長方形と正方形がまた黄金比になります。

この形を利用してデザインされたものがたくさんあります。古くはタバコの箱、新しいところで言えばｉＰｏｄ、ウェブデザイン、名刺やクレジットカードなど各種カードのサイズ、もっと身近なところではあなたが手にとっているこの本、つまり新書のサイズがそうです。

新書って少し賢そうに見えませんか？　そんなスマートさを狙って黄金長方形を採用したのかもしれません。

そんな黄金比の長方形（縦と横の比率が近似値は１：１.６１８の四角形）＝黄金長方形（黄金四角形）の描き方を74・75ページの**図10-4**で紹介しています。

さらに、76ページ・**図10-5**と78・79ページ・**図10-6**はその黄金比を取り入れたメカデザインです。小人サイズの人間が通常の人間の銃を使う銃という設定です（イラストｂｙ門口ナオ）。

黄金長方形の中に正方形を作ると残った長方形は黄金長方形の比率になり、その黄金長方形にまた正方形を……と永遠に相似な図形ができ上がります。この作られた正方形の角

図10-5 黄金長方形を活かしたメカデザイン1

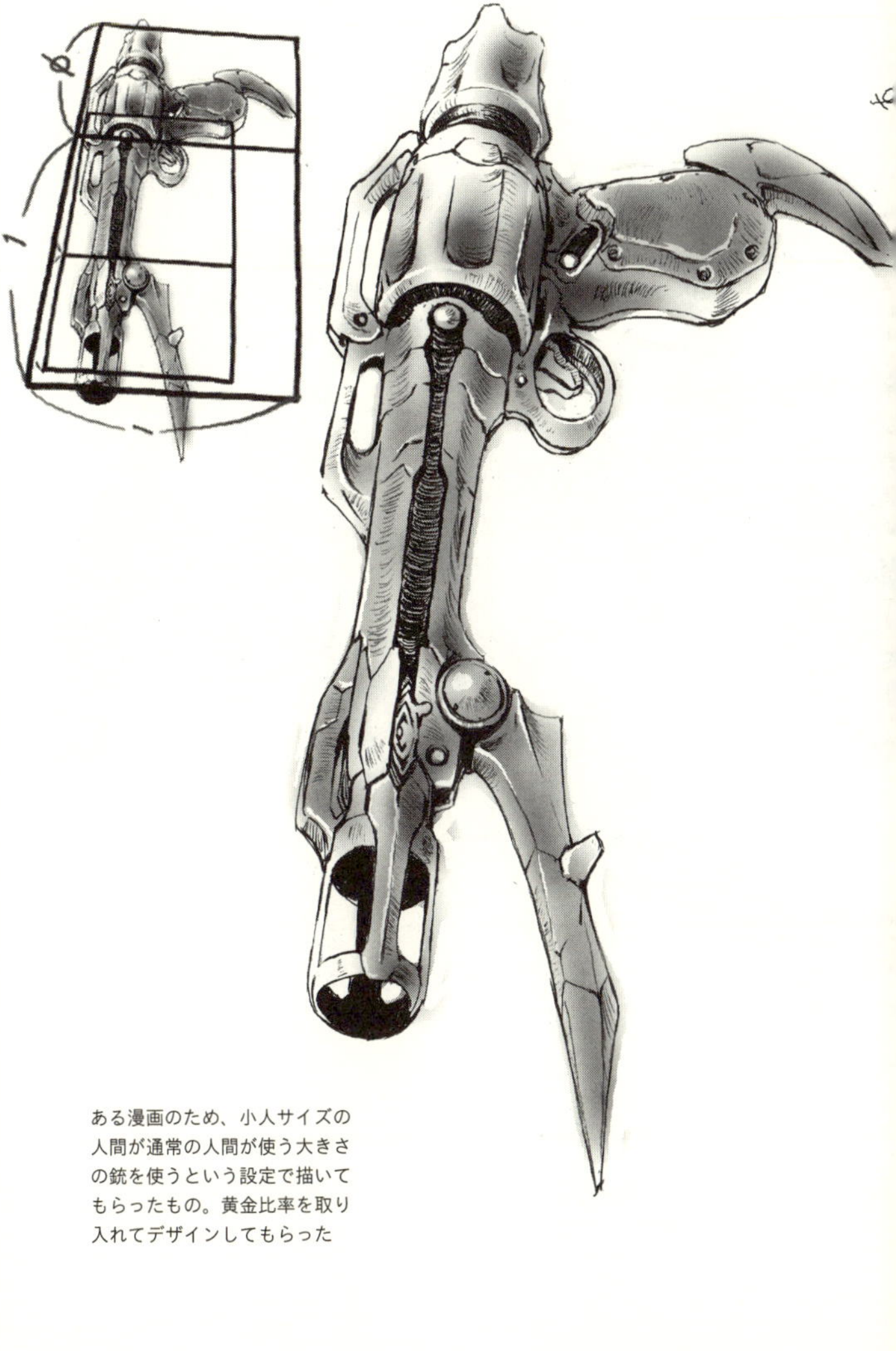

ある漫画のため、小人サイズの人間が通常の人間が使う大きさの銃を使うという設定で描いてもらったもの。黄金比率を取り入れてデザインしてもらった

銃身が５角形なのは五芒星を
モチーフにした名残り

図10-6 黄金長方形を活かしたメカデザイン2

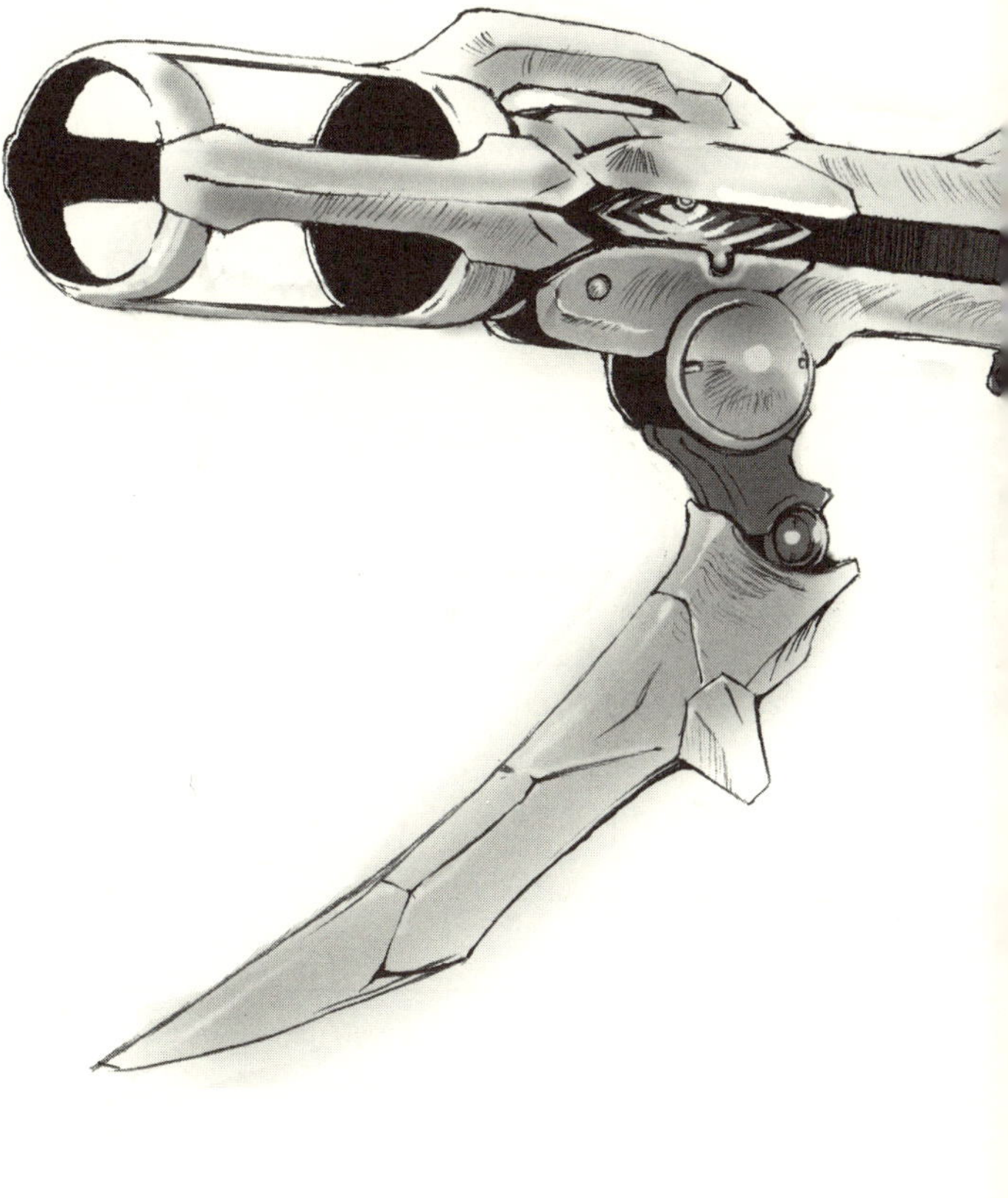

①

黄金長方形から正方形と残りに分ける。そうすると残りの長方形も黄金長方形になる

②

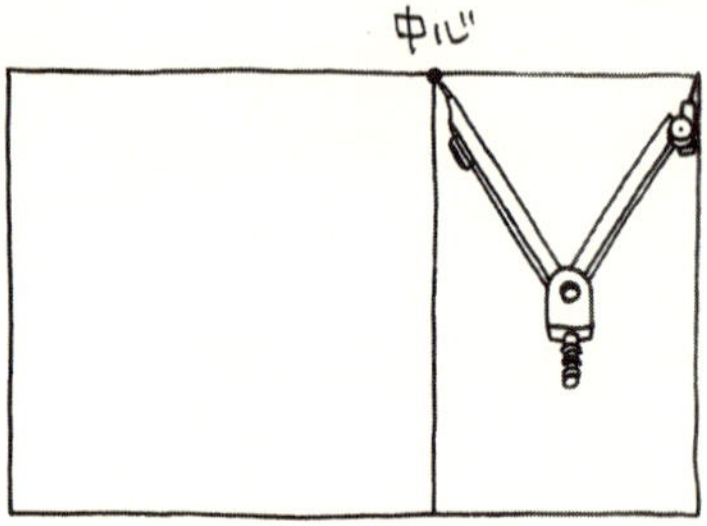

分けた長方形の上辺から……

③

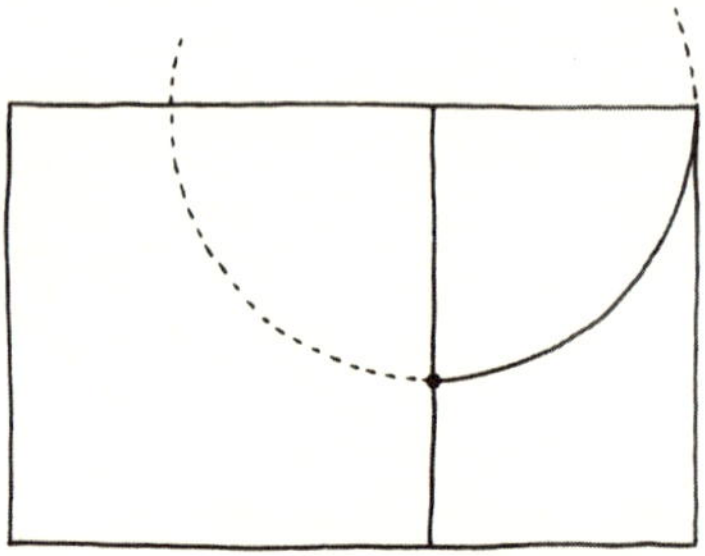

コンパスを使ってまた正方形を作ると……

④

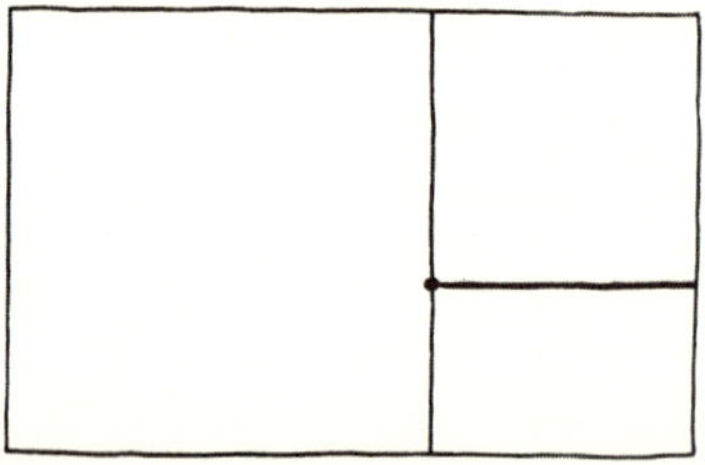

その残りの長方形はまた小さな黄金長方形になる

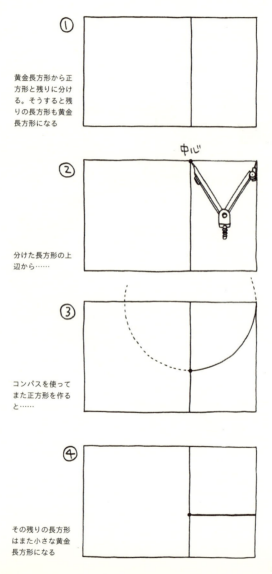

図10-7 黄金螺旋の描き方

⑤

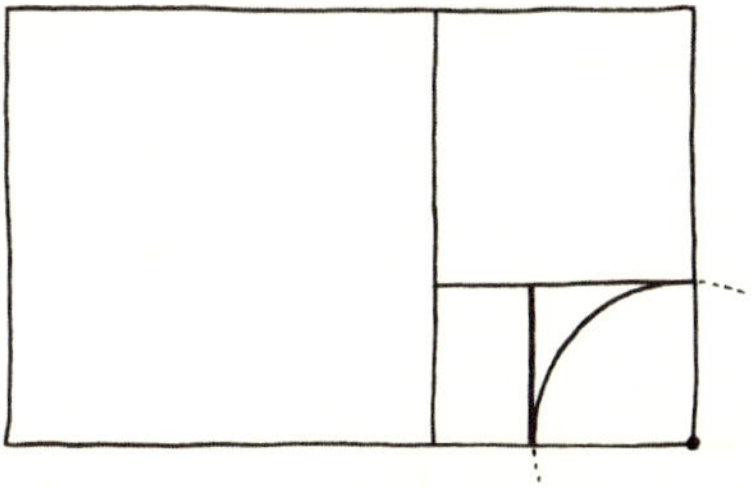

同じ方法でさらに正方形を作り、残った長方形から……

⑥

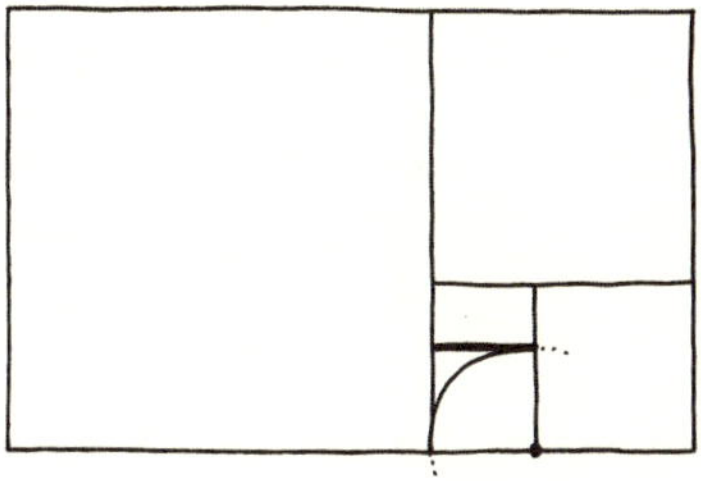

また正方形を作り……を繰り返していくと……

⑦

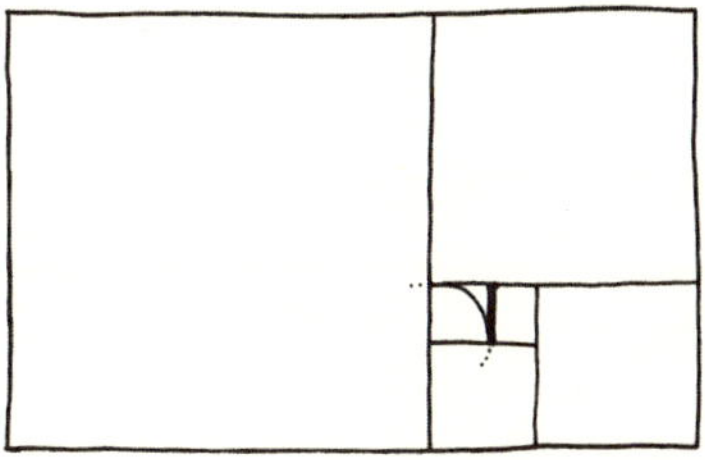

無限に同じことを繰り返して黄金長方形が内側にでき上がっていく

⑧

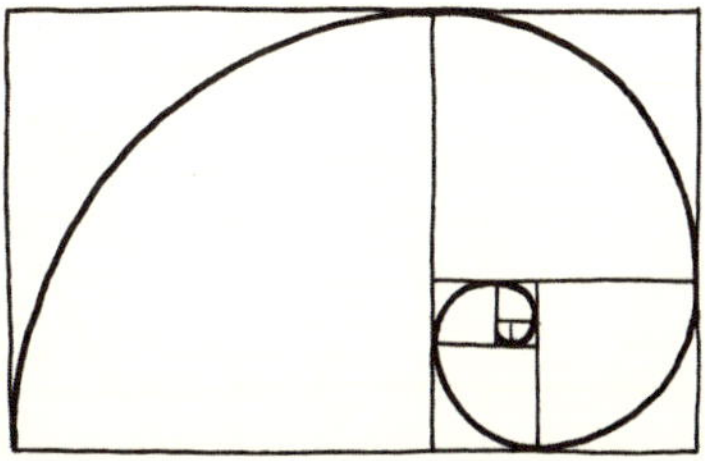

そして正方形の中をコンパスで螺旋状につながるように線を引いていけば「黄金螺旋」のでき上がり

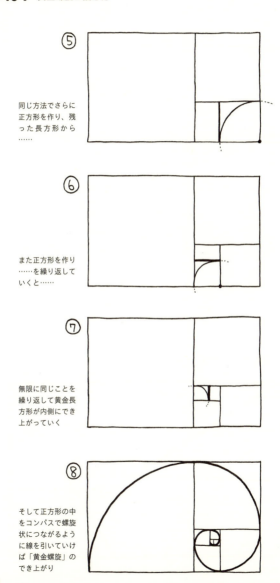

の点を滑らかにつないでいくと、80・81ページの図10-7のように螺旋ができ上がります。これは巻貝の貝殻や星雲、台風の渦とそっくりです。

つまり黄金螺旋は自然と接することで人間に刻まれた経験則的に美しいと感じるものなのでしょう。

参考までに黄金螺旋の中心を知る方法も紹介しておきます(82ページ・図10-8)。

この黄金螺旋が漫画の何に応用できるのか。螺旋の中心から延びる曲線を構図の基礎として使うことができます。この方法は写真の構図としても使われている方法です。自然な動きや位置を感じさせる構図になります。漫画はバランスの美とは違ったアンバランスの激しさや内面の歪みの表現も必要なのでこればかりを使うわけにはいきませんが、ちょっといい構図を狙いたい時には黄金螺旋のラインを意識するといいかもしれません。

図10-8 黄金螺旋の中心を知る方法

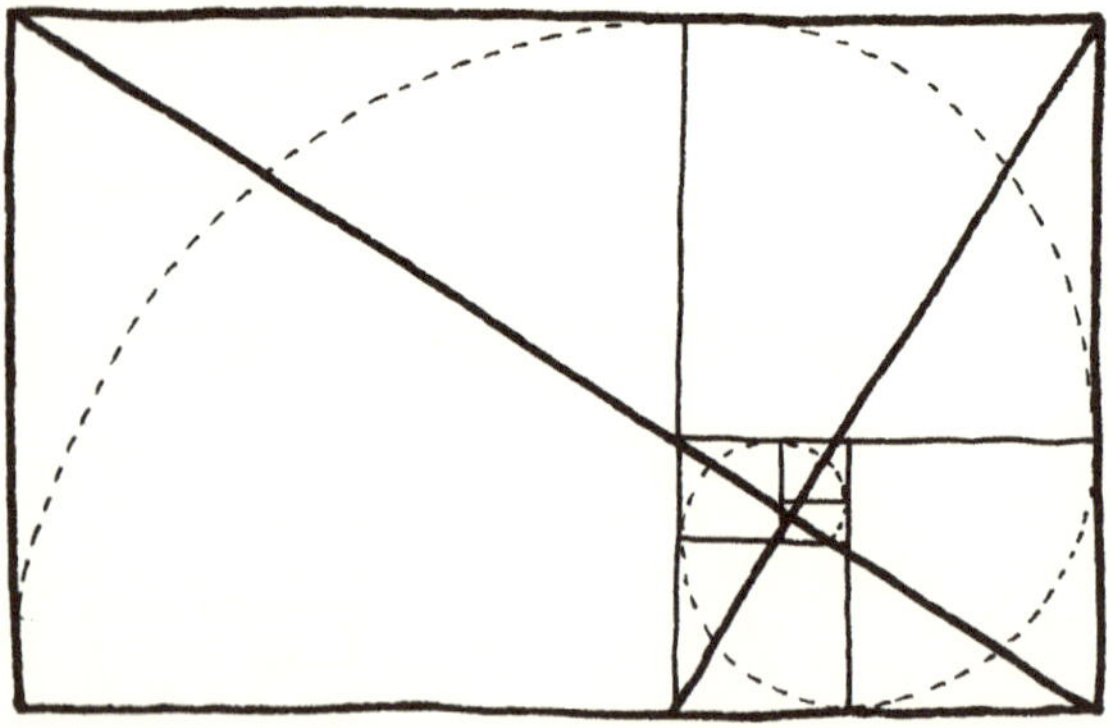

黄金螺旋の中心は上図のような大小の黄金長方形の対角線が重なる一点である

そこで、84ページからは黄金螺旋の構図を使った自作のシーンを7種類紹介していきます。すべて月刊アフタヌーンに掲載された『ＺＯＭＢＩＥＭＥＮ　ゾンビメン』（共同執筆・岡エリ）からのシーンです。

黄金螺旋と言っても、どんな絵にしたいのかで随分印象が変わることが分かるでしょう。同時に、黄金比の最大の利点である収まりの良さも感じられるはずです。

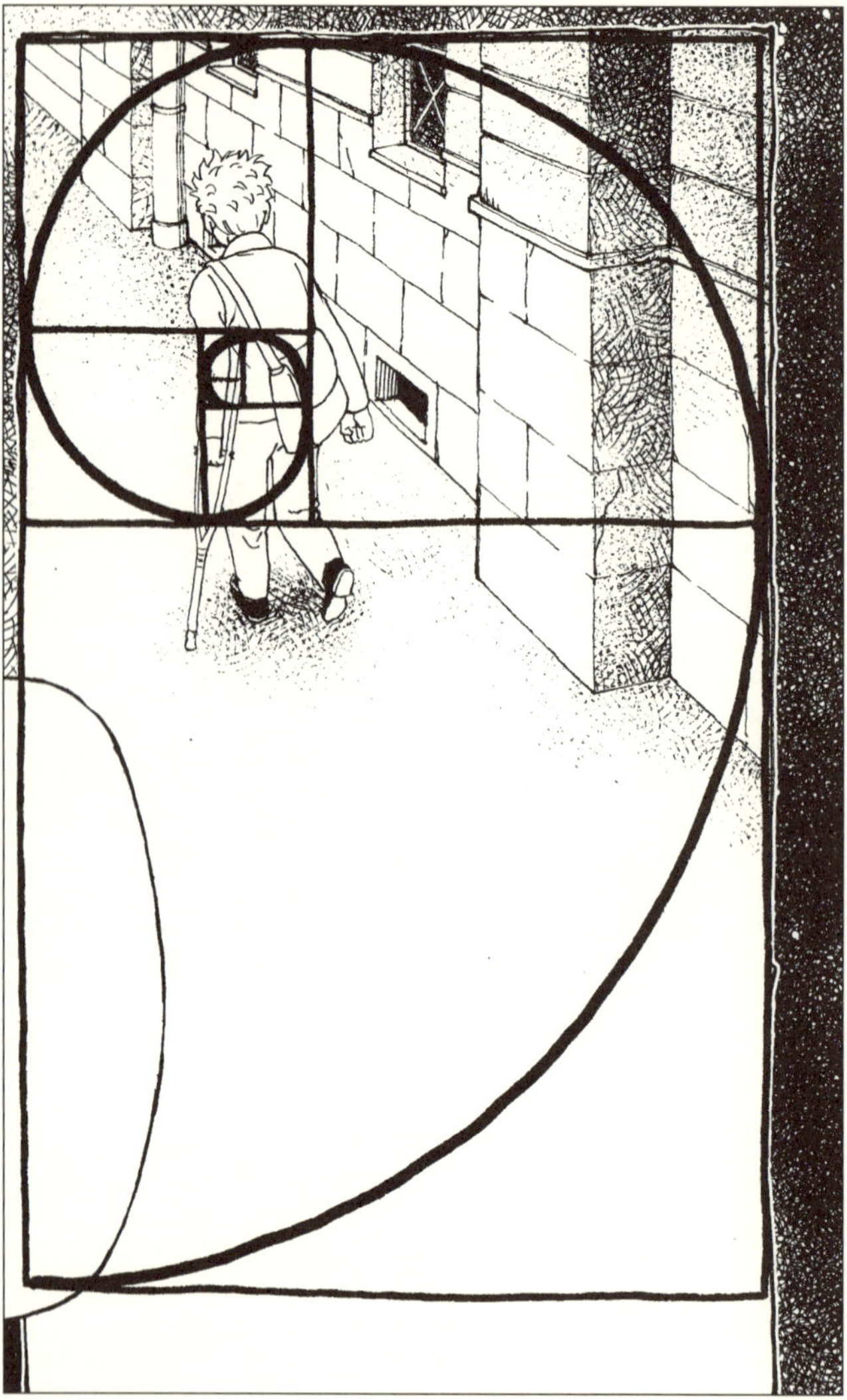

黄金螺旋の実例 1

黄金螺旋の実例 2

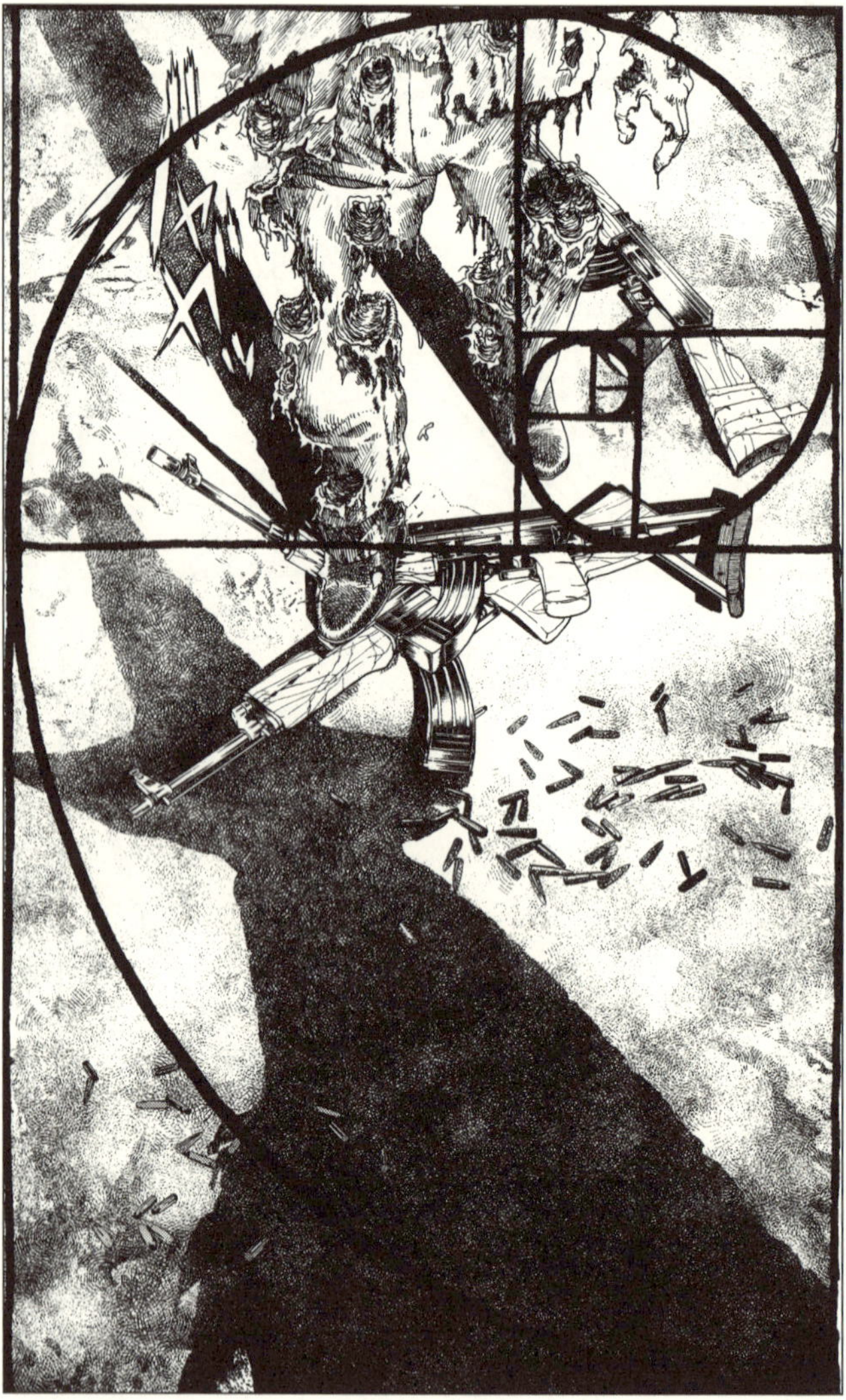

黄金螺旋の実例 3

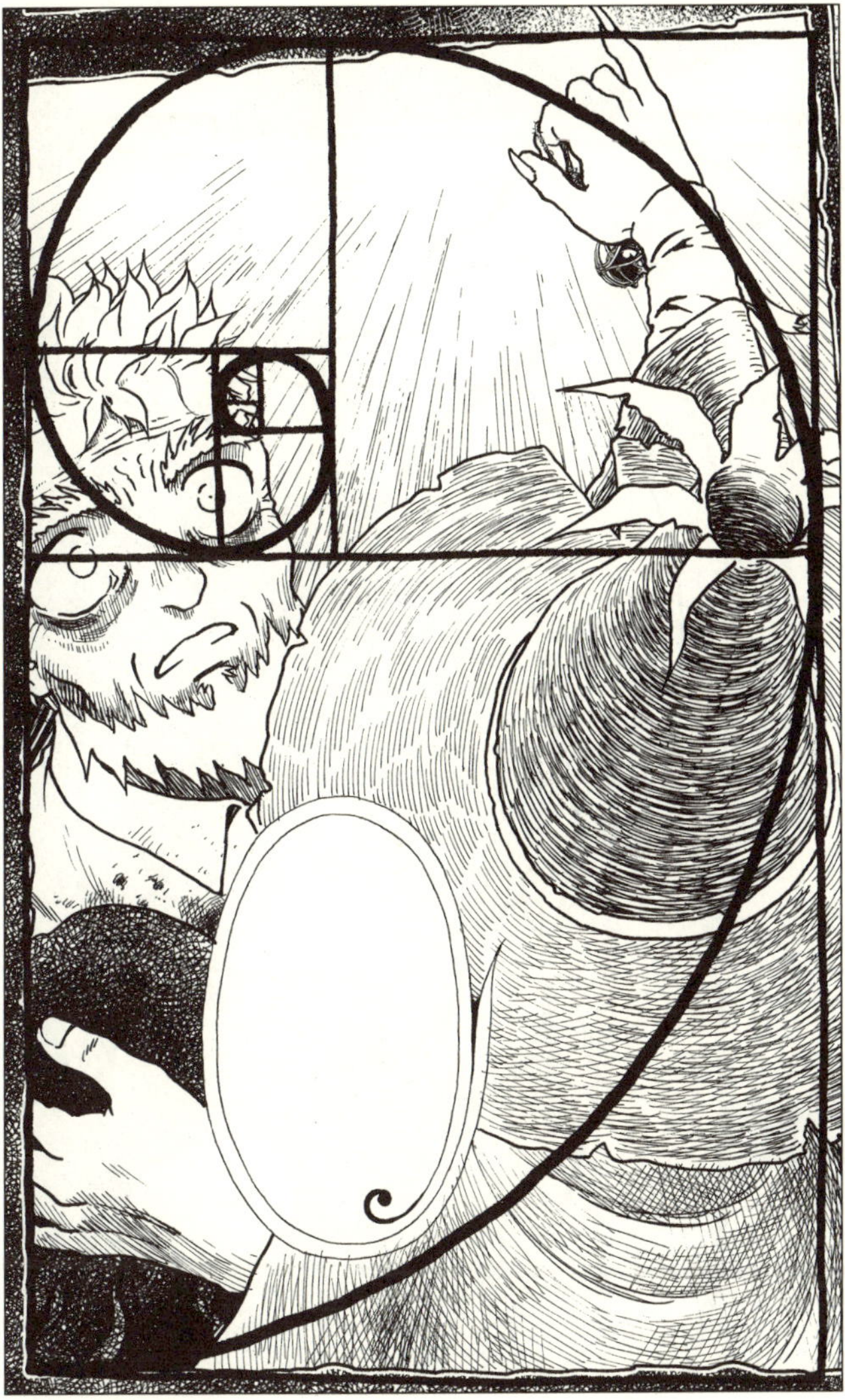

黄金螺旋の実例 4

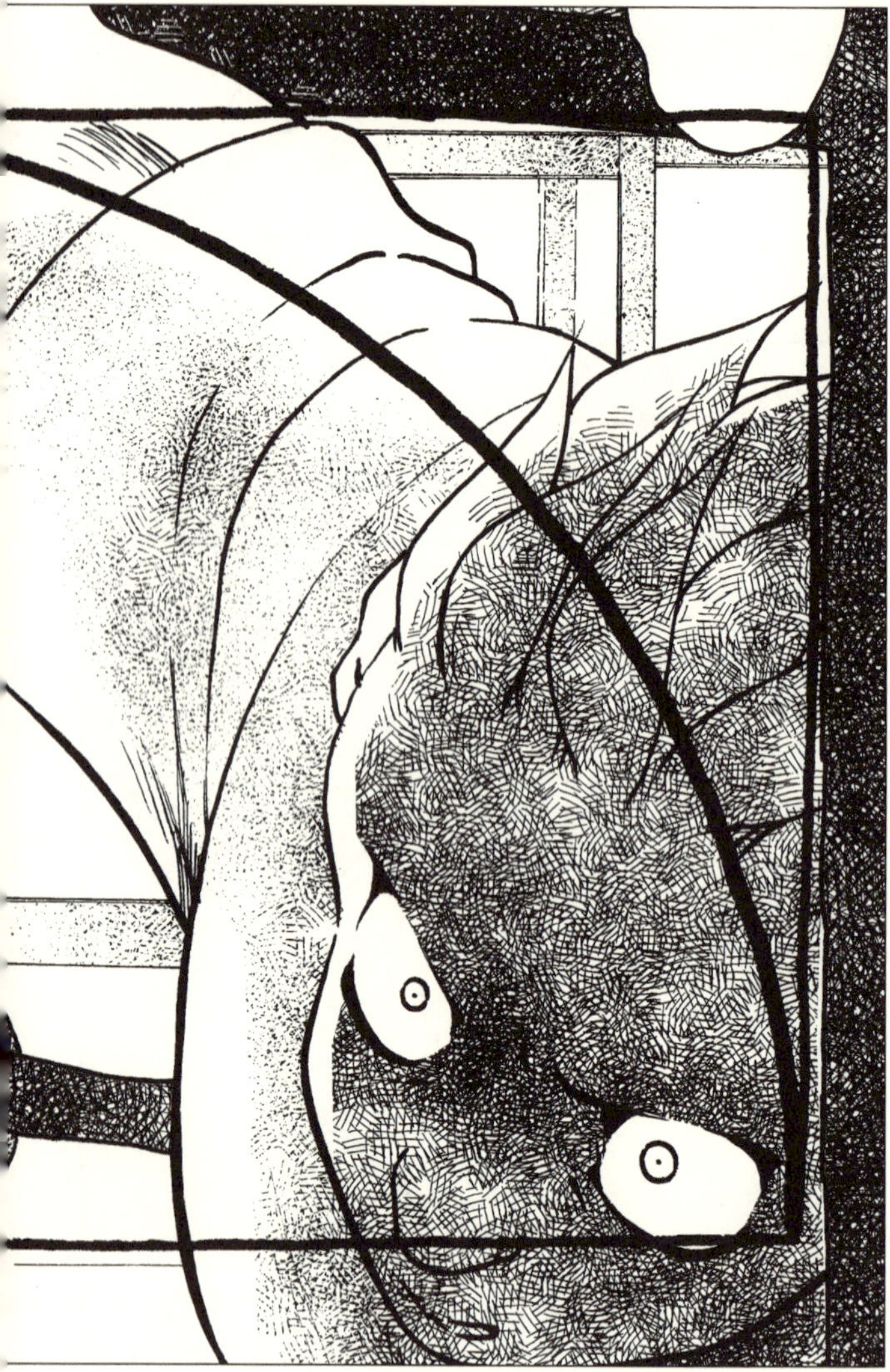

黄金螺旋の実例 5

黄金螺旋の実例 6

黄金螺旋の実例 7

「萌え」を科学する

実は人間の顔にも黄金比と言われるものがあります（94ページ・図**10-9**）。つまり、この場合は人の顔の平均値なのですが、美容整形などはこの黄金比に照らし合わせて手術をすることもあるようです。

美しいものはバランスで分析して応用が効くわけですが、漫画においてはこんな比率の顔は美しくないですよね。漫画は表情を誇張することで輝くものですから実在の人間とは良さの基準が違います。

さらに今は「美しい」より「萌え」の時代です。というわけで萌えのバランスを解析してみましょう。

「可愛い」と言っても人それぞれに感じ方が違うものですが、誰もが可愛いと感じて愛さずにはいられない形というものがあります。

なんだか分かるでしょうか？

私は少年ジャンプにおける先輩・あろひろし先生の説で「なるほど！」と膝を打ちました。

答えは「赤ん坊」。ベイビーです。

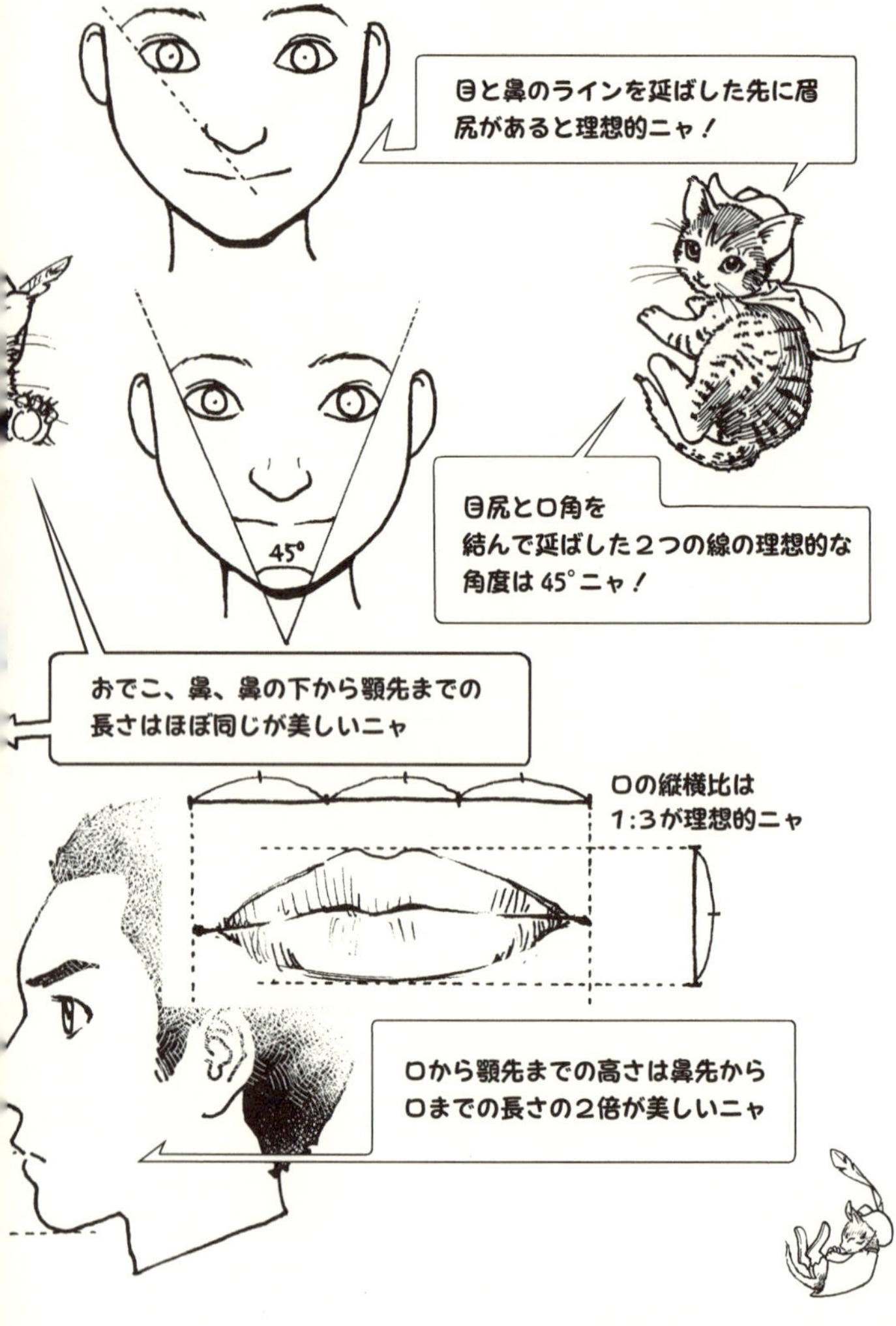

注意：ここに書いた黄金比はあくまで実在の人間の話で漫画の絵のことではないんニャ

図10-9 リアルな人間の顔面黄金比

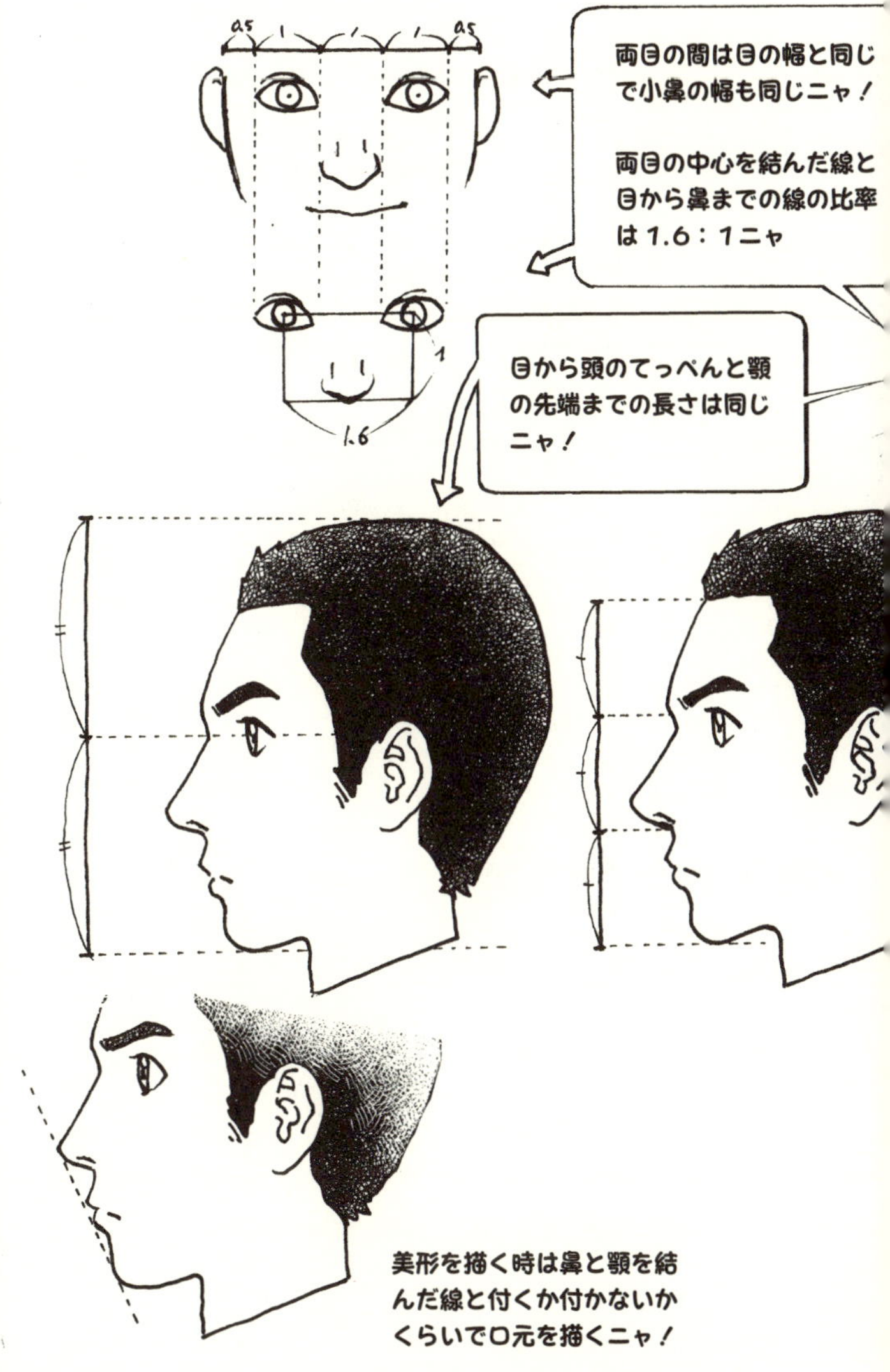

生物の本能は赤ん坊やそれに準ずる幼い子供を愛するようにできています。人間だけではありません。どんな哺乳類でも大抵、赤ん坊は可愛く感じると思います。子猫が捨てられているとキューンとして放っておけないですよね。そんなわけでウチにも一匹……、脱線しました。

つまり、可愛い萌えの絵を描くには赤ん坊の特徴を分析して取り入れれば良いのです。体に比べると大きな頭部、つぶらで左右対称な瞳、ピンクっぽい透明感のあるすべすべした肌、薄い剃っていない眉、小さな口、甲高い声、ぷにぷに膨らんだ頰、発達していない顎、短い指、丸っこい爪、疑うことを知らない純朴な表情、低い鼻、短い脚、舌ったらずなしゃべり方、ダブダブな服、放っておけない雰囲気……など好みによって他にもいろいろありますが、ここでは可愛い赤ん坊のバランス比率から「萌え」を科学してみたいと思います。

体そのものや顔のパーツが小さいというのも赤ん坊の特徴

図10-10　赤ん坊の顔のバランス

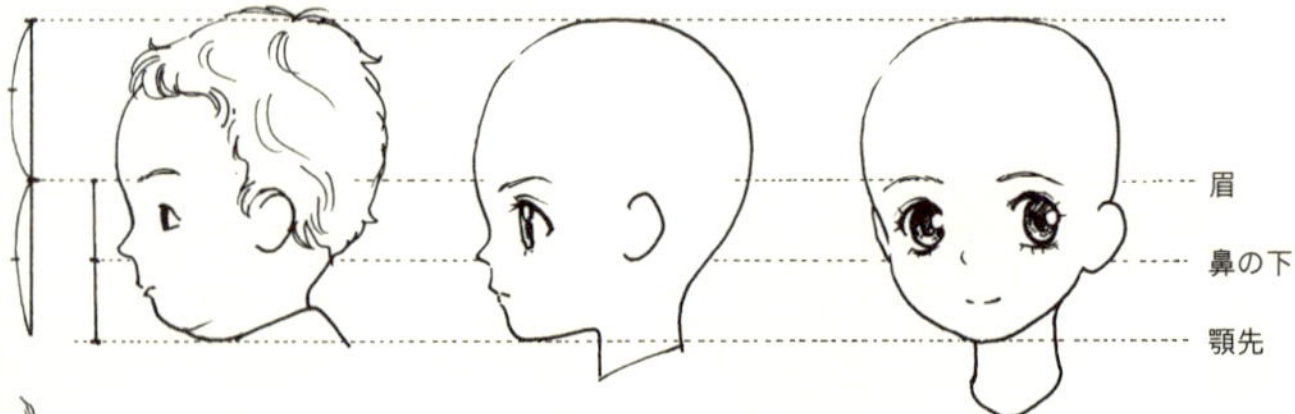

大人の場合は目の辺りが縦の中間点になるが、生後12ヶ月程度の赤ん坊であれば眉の辺りになる。口と鼻の下、そして顎先の中間点だ。そうした特徴を踏まえて赤ん坊のバランスで女のコを描いてみたニャ。結果は見ての通り。驚くべきことに小・中学生でも十分に通用するというか、漫画的には普通の少女のバランス、ニャ。つまり赤ん坊の顔こそが萌え画の黄金比率と言えるものニャのかも……。

ですが、何かを小さく見せるには比較するものが必要です。たとえば軽自動車の小ささを誇張して描きたければドアミラーやナンバープレートを大きめに描けばいいのです。

それによって相対的にクルマが小さいということが周りに比較するものがなくても分かります。同様に赤ん坊をそのまま描いてしまったら萌えキャラではなく赤ん坊になってしまいます。そのキャラが萌えキャラであって赤ん坊ではないという記号が必要です。ベストなのは小ささを引き立てるものだと考え出されました。

何だか分かるでしょうか？

ボリュームのある髪です。

世間の萌えキャラの髪は明らかに実際の人間よりボリュームがあります。長く美しい髪はストレートでもカールしていても赤ん坊にはない年齢を刻んだ記号性があります。萌えに大切な可愛らしさを損なうこともありません。猫耳やリボン、触角まで付けて空間を占領するのも同じ理由です。ボリュームのためです。

もう一つが巨乳です。でっかいおっぱいがその他のパーツを比較によって小さく見せてくれます。この2つもあろひろし先生説。

加えて赤ん坊らしくないポイントを何点か組み合わせてもいいでしょう。スマートなプロポーション、露出の多い服、派手なアクション、それでもどこかに赤ん坊的アンバランス、不安定さを残すことが萌えの萌えたるところだということを忘れずに！

萌

比較によって顔のパーツを小さく見せるヘッドドレスとボリュームのある髪
顔の低い位置にある目と耳
短い指
巨乳
幼児性を感じさせる内股

眼鏡黄金率

眼鏡萌えなあなたのためのジャストフィット眼鏡描き講座

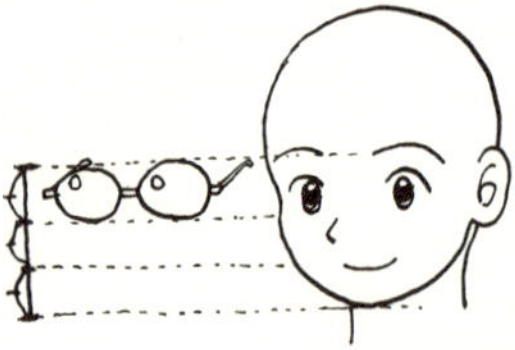

眉から顎を3等分したサイズが顔に対するベストな眼鏡の上下幅

フレームの上のラインが眉と平行になるのが似合う眼鏡

黒目がレンズの中央かやや内側に来るのがベスト

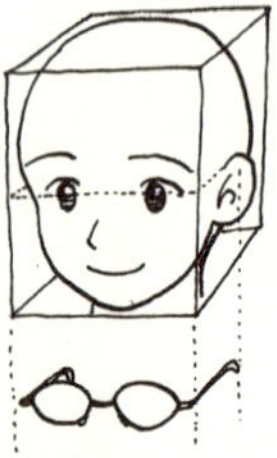

横幅は顔面の幅そのままで。フレームのつるが平行になるように耳に掛かるといい

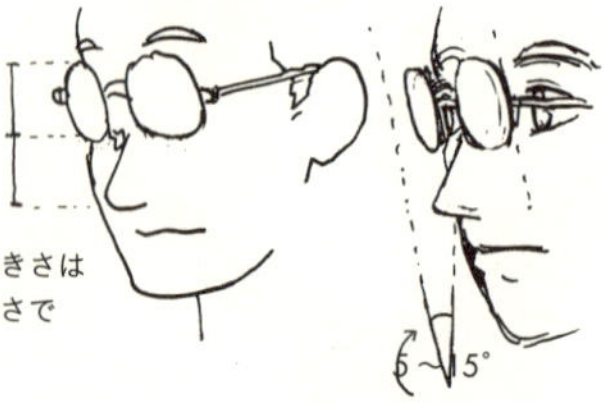

レンズの縦の大きさは自分の鼻の大きさで

何となく見ているだけでは気づかないが、眼鏡は5〜15°傾斜させてセッティングされている

眼鏡を大きく描けば顔を小さく見せることができるので萌えアイテムにもなるニャ。その時には眉から顎までの⅓にする必要はもちろんないニャ

11　流行の作り方

嫌悪感の先に流行が潜んでいる

すでに流行っていることを後追いしたのでは二流以下の作品しか生み出せない。これは誰もが経験則で分かると思います。

したがって一流になりたければ一番前に立たなければならないわけです。

しかし流行など関係ない魂の物語を描いて永遠に読み継がれることこそ作家の誰もが願うことでもあると思います。ただ、読み継がれている漫画は当時、流行の先端を走っていたものではないでしょうか？

漫画をよく読む人なら『北斗の拳』（原作：武論尊　漫画：原哲夫）や『おぼっちゃまくん』（小林よしのり）の決めゼリフを知らない人は少ないと思います。『うる星やつら』（高橋留美子）のラムちゃんの方言、『巨人の星』（原作：梶原一騎　作画：川崎のぼる）の瞳の中に燃える炎、『燃えよペン』（島本和彦）のヘッドギア、『DEATH NOTE』（原作：大場つぐみ　漫画：小畑健）のLのポーズ、『仮面ライダー』（石ノ森章太郎）の変身ポーズ……、名作の数だけ心に残るシーンが思い浮かぶはずです。

もちろん内容の面白さが伴ってこそですが、その時代を反映して人の心に強く残った作品だけが繰り返し何度も再販されると言えるでしょう。

ただ、狙ってできることではなく湧き上がる何かを持って描いていれば自然と生み出されるのではないかと私は思ってきました。己の情熱をマグマのようにグツグツと沸騰させることこそ大切なのでは、と。

もちろんそれも間違いなく必要ですが……、次に流行るものは分かるんです。

「これから流行るモノは嫌悪感を感じるモノ」

これです、この一言です。

誰もが悪い意味でギョッとするようなものこそが次代の流行になります。

過去で言えば、刺青《いれずみ》、痛車《いたしゃ》、真っ黒なコギャル、ルーズソックス、顔面ピアス……、ま

さかと思うようなインパクトを持つものばかりです。

つまり、ギョッとしたものにこそ飛びつけばいいんです。

「なかなかいい作品」と言われるより「何だか分からないけど、これイカレてるよ」と言われるものを人は手に取るということです。漫画でも『北斗の拳』で悪党の頭が爆裂した時、いいのかよぉ!?と思いました。さらに「ひでぶ」とかやべーっ!!、ですよね。『うる星やつら』では可愛いヒロインが「……だっちゃ」とは。でも読んでいるとその話し方が最高に可愛く思えてきます。その進化系がライトノベル『撲殺天使ドクロちゃん』。タイトルからして撲殺天使ですよ。ここまでくるとメジャー戦線には出られないと思いますが。

『おぼっちゃまくん』の活躍は全てが嫌悪感。「でしゅ」「ぶぁい」「友だちんこ」「いいなけつ」「ぜっこうもん」……、見事なまでに最低であり子供が真似したくなること間違いなし！　大人になっても忘れられなくてびんぼっちゃまの前半分しかない服をたとえ話に使ったりする人もいたりしませんか？

『パタリロ！』（魔夜峰央）の気持ち悪い絵（失礼！）は読んだ瞬間から麻薬のように虜になっていました。読むまでは触りたくもなかったんですが（これまた失礼！）。

つまり流行は狙って作ることができます。

もちろんその世界を好きにならなければいい作品は創れないかもしれませんが、ギョッとして、それでも好きかもと思える何かに出会ったらそれはチャンスです。流行創りにチャレンジしてみましょう。

12 感動はツンデレだ！

悲しみだけでは感動しない

「感動した」。創作する者にとって最大の誉め言葉の一つであり、そう言われる作品を描きたいと願うのは漫画家として自然なことだと思います。

では感動とは何でしょうか？

涙を流すこと？　凄く興奮すること？

それとも人に伝えたくなるような素晴らしい何かに出会うこと？

ガンになった女の子が死んでいく……それを見た我々は涙を流す。はて？　それって感動？　違いますよね。それは悲しみです。時々履き違えている人がいますが悲しみだけで感動することはありません。

作中でやたらと人が死ぬことで泣かそうとする漫画や映画、テレビドラマがありますが、そうした作品を評論家やプロの作家が評価しないのはそれが創作の力ではないと知っているからです。

もちろん死を描くことには大きな意味があり、創作の中でも特にやりがいのあるテーマではあります。

では、死を描くに当たって感動できる物語になっているか、悲しいだけかの違いは何処にあるのでしょう？

答えは、「感動」という文字の中にあります。

つまり「感じて動く」かどうかということです。漫画の場合であれば、読者が作品を読んで心を揺り動かされ、新しい価値観と言える何かを発見したり、人生に影響を受けたり、「人として何かを感じて心が動く」ことです。

親しい誰かが死んだのなら……悲しいでしょう。でもその上で自分の思いが変わるのが感動です。喪失感だけでは感動ではないのです。

意外性は感動を呼ぶ

では、漫画家としては何を描けば読者を感動させられるのでしょう？

まず考えなければならないことは「心が動くくらいの何かは驚きも与える」ということです。見たことがないような圧倒的ビジュアル、想像もできなかったストーリー展開、キャラクターの意外性ある言葉（セリフ）。読者の考えもつかなかったことがその人にとっての感動になるわけです。

ただし前向きではない驚きについては感動とは言いません。オバケを見たから恐いので行くのをやめた、は感動から程遠いですよね。

誰も考えつかなかった何かに出会い前向きに変わることが感動を呼ぶのです。

では心を動かす驚きを創るにはどうすればいいのでしょう？

想像の範囲のことでは心は動きません。だから想像できないようにするわけです。では想像できないとはどんな場合でしょう？

な、何だこの意味のない余白は!?

これが意外性です。

では意外性があると感じることはどんなことでしょうか？

予想もつかなくなるくらいに心の振り幅を大きくしてやることです。

たとえば特別な日でもないのにいつも女のコにプレゼントを用意しているキザな男がいます。彼女の一人にいつものように花束をプレゼントしても普段の素行を知っている彼女にとっては普通の出来事でしかなく、花束にそれ以上の価値はありません。

でも、普段は女のコと口も利けないような真面目君が意を決して抱えきれないほどの花束を持って彼女の前に現れたらどうでしょう？　相手が誰であるかによるかもしれませんが、わずかでも彼女が真面目君に好意を持っていたら彼女の心は大きく揺らぎ、感動体験となって真面目君の花束は彼女の心の中にまで大輪の花を咲かせ、恋は成就……、話がそれましたね。

昔からよくある誰もが知っているパターンもあります。

素行不良で喧嘩に明け暮れ、学校中から恐れられる同級生の男のコ。ある雨の日、段ボール箱に捨てられてびしょ濡れになった子犬を懐にしまって走り出す彼の姿を同級生の女のコが見つけます。追いかけてみると、彼は濡れずにすむ鉄橋の下で子犬を自分のシャツで拭いてやり、悲しい顔で飼ってやれないことを意味もわからず可愛く甘える子犬に告げています。その姿を見た女のコの心は……ズキューン！　つまり、意外だから惚れる要因になるわけです。感動とは恋をさせるのと同じなのです。

感動漫画の名作にえんどコイチ先生の『死神くん』という泣ける漫画があります。凄いのはまずこのタイトルです。

死神で感動は想像しにくいと思いますが、だからこそ死神が実は天使のようにやさしく人の死をエスコートする姿が読者の心を揺さぶり、泣かせます。この漫画は大傑作なのでタイトルや設定のそれは泣かせる理由の一つに過ぎません。ただ、人の死をエスコートするのが死神ではなく天使だったらここまで泣けないでしょう（天使ならむしろ『撲殺天使ドクロちゃん』の方がインパクトがある分、感動はしなくても笑えて良いと思います）。

同様に手塚治虫先生の『ブラック・ジャック』も顔に大きな傷が有る無免許医だから感動的になります。優しそうな美女が優しくしてくれても感動的な話にはなりにくいわけです。

つまり……、感動はツンデレなんですな。

泣けない人に感動ものは描けない

真面目君が花束を山ほど持って行った話に戻ります。現実的には彼女が真面目君を嫌いでなくても、真っ向から断られる可能性が十分ありえますよね。いや、いきなりなら普通断られるか、気持ち悪がられるか。

なぜだと思いますか？

意外過ぎるからです。伏線がないからです。もしやと思わせる出来事が一大事の前には必要です。彼女が彼の気持ちに薄々感づいてる状態からでなければ前向きな気持ちの高まりにはつながりません。物語を作る時にもその話が何処へ向かうのかを読者や主人公にできるだけ早いうちに示す必要があるわけです。

時々自分はどんな漫画を読んでも、映画を観ても泣いたことがないと自慢げに言う人もいます。実は私もそうでした。突っ張っていただけですね、泣いたら負けというか（笑）。でも、それは価値ある内容を深い部分で理解する感受性が備わっていなかったり、認めることを弱さのように思い込んでいただけだったのです。人生2回分くらいのいろんな経験をした今では泣けるポイントだらけになってしまいましたが。

そんな昔の私と同様に今は泣ける感覚が分からないという人も多いと思いますが、無理をしてまで感動ものに手を出す必要はありません。自分の思いにないものを描いてもそうそう伝わらないものです。描いた満足感も得られないでしょう。経験を積んだ上でどうしても描きたくなった時に、その切ない思いを原稿にぶつけて下さい。

感動とは、そんな経験からくる魂の炸裂を意外性と共に読者に伝えるものです。

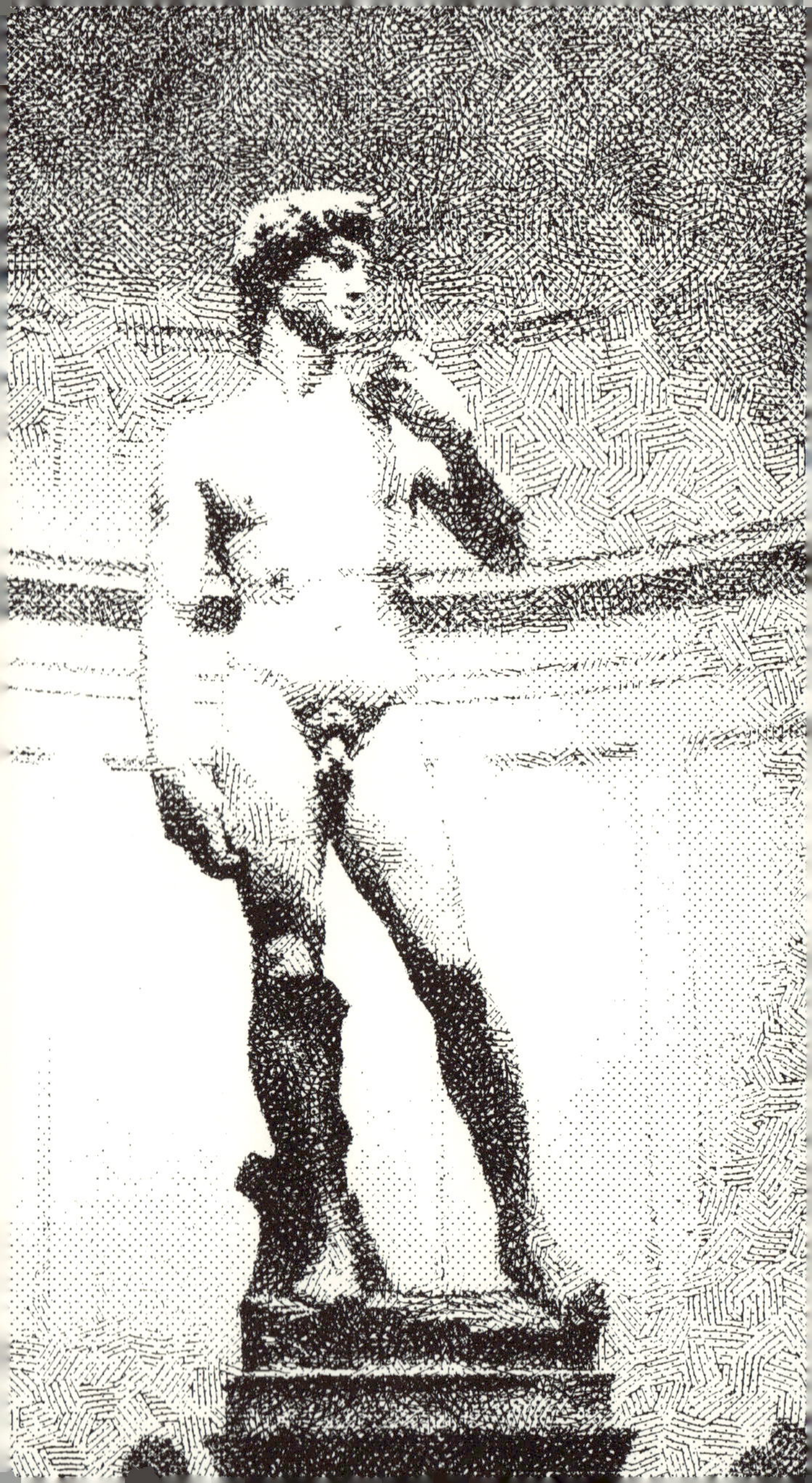

13 コントラポストから重力を意識する

コントラポストとは？

最近、イラストに特化したソーシャルネットワークp・i・x・i・vで話題の「コントラポスト（contrappósto）」というイタリア語を知っていますか？

コントラポストとは彫刻などにおいて左右非対称でありながら調和や均衡の取れた構図を表現する手法であり視覚芸術用語です。

その特徴の中でも特に有名なのは腰のラインをS字にするというもので、アニメ『機動戦士ガンダム』のキャラクターデザイナー・安彦良和さんがよく使っていたことからアニ

「やすひ腰」とも言われるS字腰

背中からお尻にかけてS字に近いラインにすると背筋が美しい堂々とした立ち姿に

図13-1　2つの角度から描かれたダビデ像とその軸

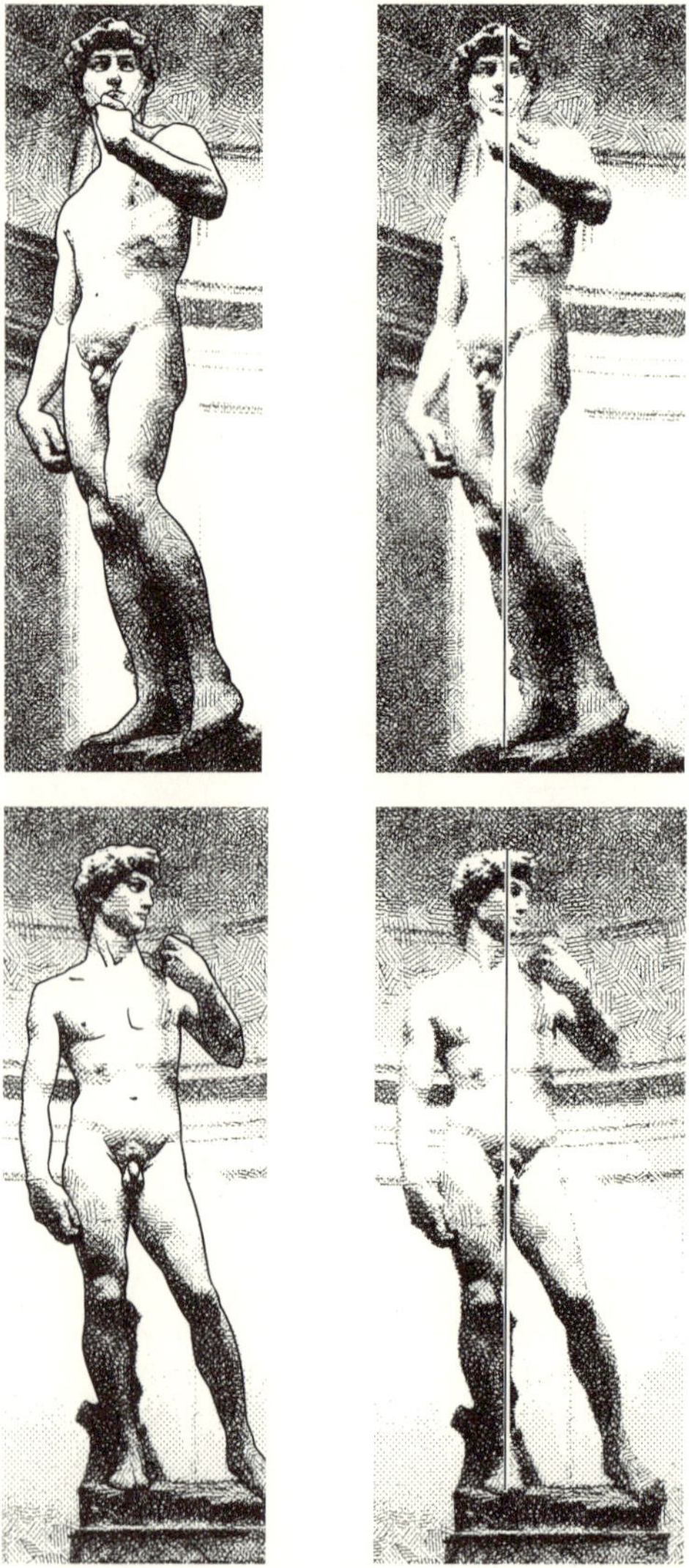

メファンの間では古くから「やすひ腰」「安彦立ち」と呼ばれていました。現代でもフィギュアの立ちポーズの基本となっていますから注意して見て下さい。

実はコントラポストはモデルのカッコいい立ちポーズとしても知られているようにこの技法を使えばポーズがカッコよく決まります。

この均衡美で特に有名なのがミケランジェロのダビデ像です。その特徴をダビデ像のイラストで説明しましょう。

実際のダビデ像は人の身長よりちょっと高いところに設置されていたため、116ページ・**図13-1**にある2つの角度で描かれたダビデ像もその足元より若干下から見上げている姿なのでそのつもりで見て下さい。

118ページ・**図13-2**に移りますが、まず垂直に入れた線は像の重心を示しています。頭の重さを右足で支えているのが分かると思います。

つまり頭部の寄っている方に重心はかかるのです。

コントラポストの基本は体育の時間の「休め」の状態。片足に体重をかけているため、肩や腕が尻や足の軸からずれているのが特徴で結果として両肩を結んだラインと腰骨のラインが相反します。

図13-2 ダビデ像に見るコントラポスト

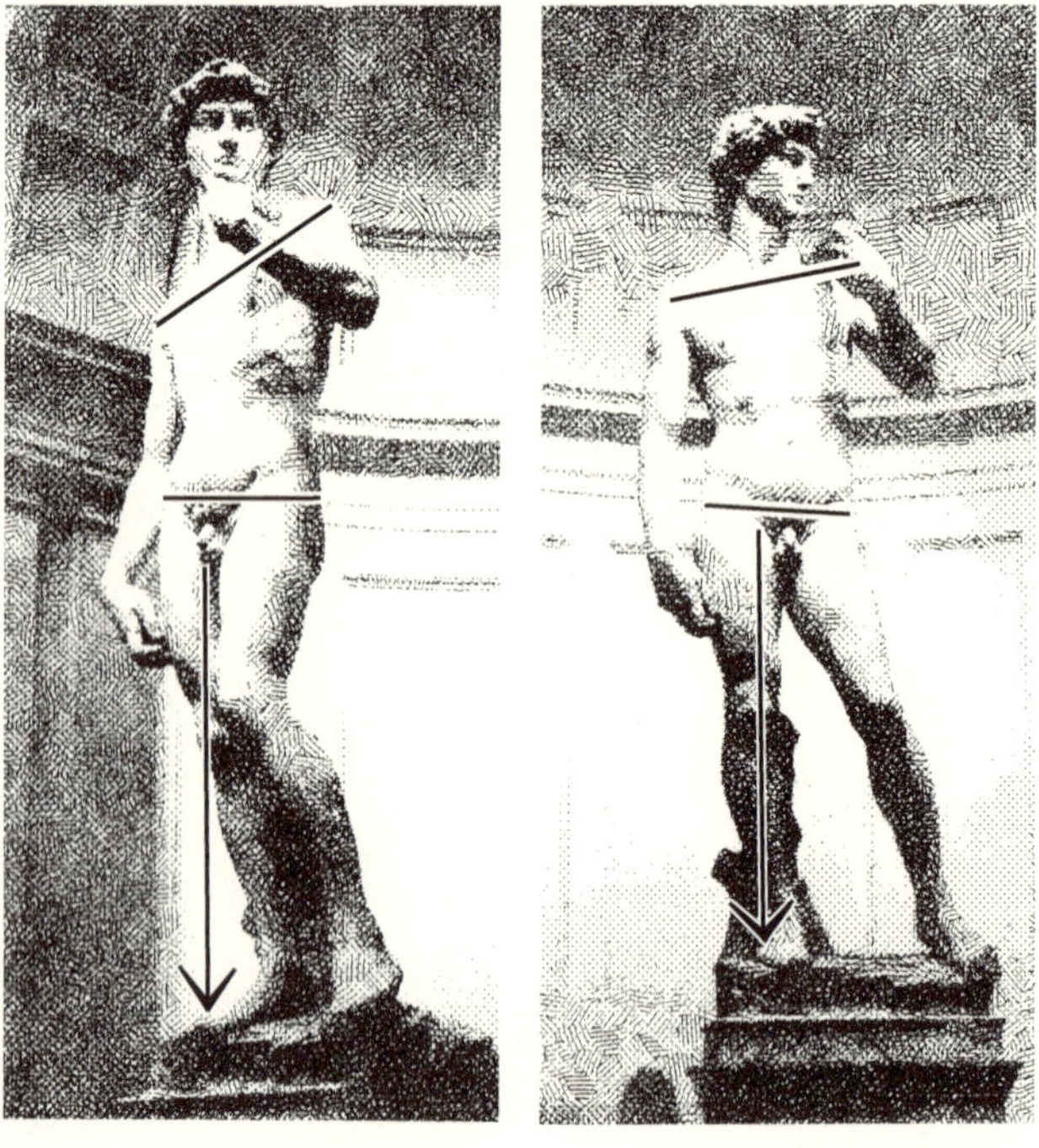

図13-3 コントラポストを活かした描き方①

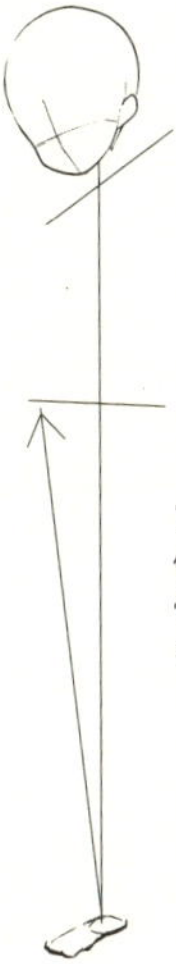

1
体重のかかる側の腰骨が持ち上がることを意識すべし

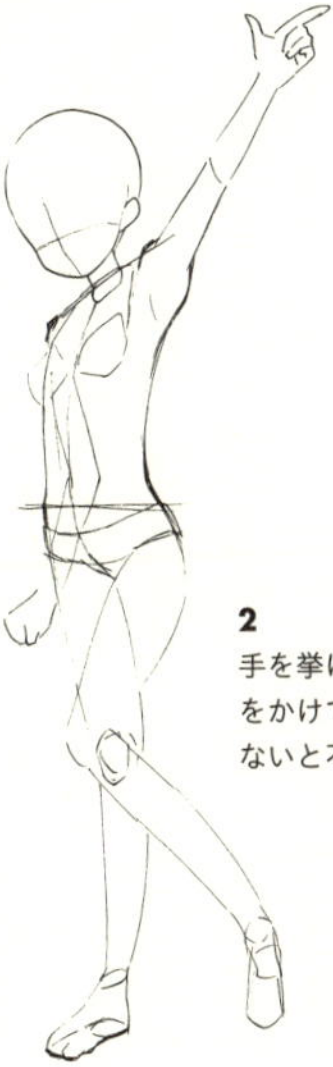

2
手を挙げる時は体重をかけていない側でないと不自然になる

3
腰骨の位置から考えてお尻をちょっと下がった位置に描く

4
完成

意識しなければ通常は平行に描いてしまう部分ですが、片側に大きく重心をかけた結果なのでこの体重のかかり方はいろんな形で応用が利きます。

つまり片足に重心がかかっている時はいつもかかっている側の腰骨は持ち上がり肩は上がった状態でないように描くと自然で重力を感じる絵になります。

漫画にリアリティのある動きを

私が子供の頃、宮崎駿監督のテレビアニメ『未来少年コナン』を観て、主人公であるコナンのもの凄い、というかあり得ない運動能力を描いているにもかかわらず、動きにとてもリアリティがあるのを感じていました。

それは重力や物理的現象（作用と反作用）がとてもリアルに描かれていたからですが、絵を動かすアニメーションだからこそできる浮遊感であり、重量感だと思っていました。

でも、今回コントラポストの解説を図で描きながら考えてみると物理現象をしっかり把握し、誇張して描くことで静止した絵である漫画においても、ずっと実在感のある動きができるのだと分かりました。

腕や肩、腰骨、頭部とそれぞれにどのような重力がかかっているのかは考えられるとい

図13-4 コントラポストを活かした描き方②

◎右足を軸にしたコントラポスト

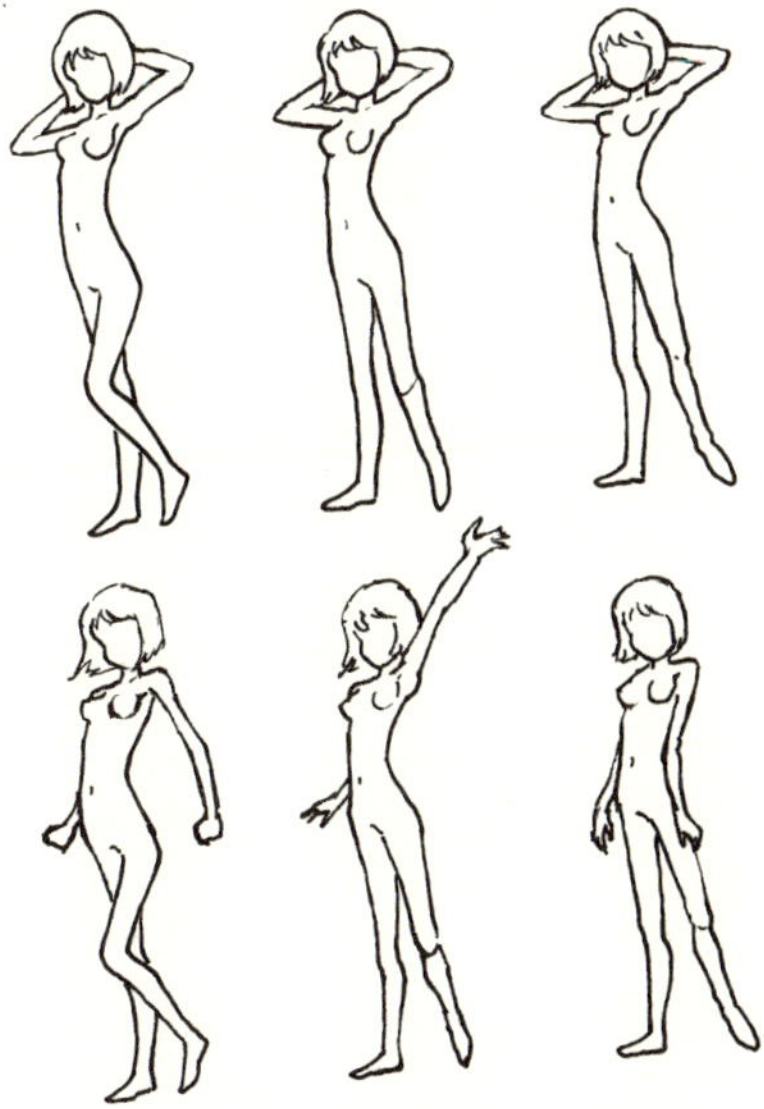

◎左足を軸にしたコントラポスト

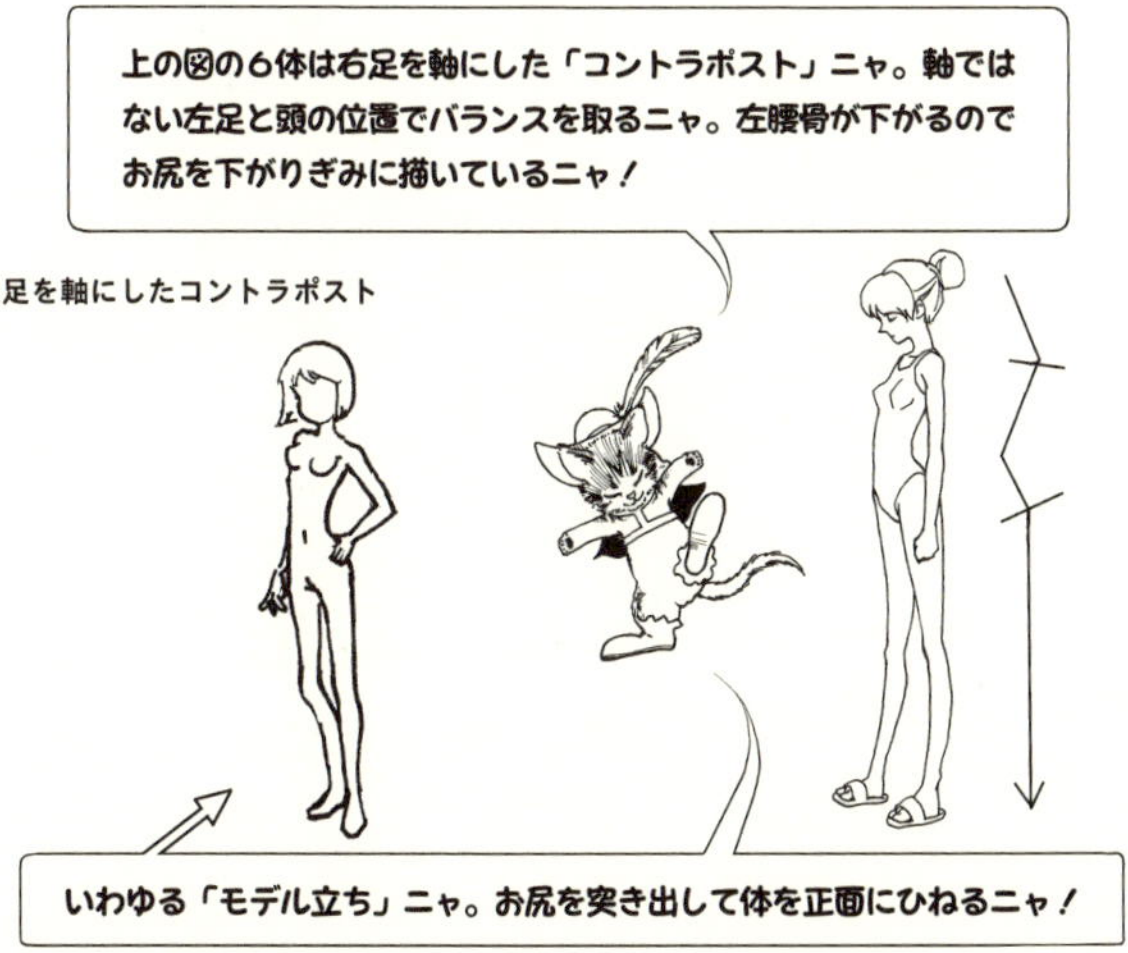
上の図の6体は右足を軸にした「コントラポスト」ニャ。軸ではない左足と頭の位置でバランスを取るニャ。左腰骨が下がるのでお尻を下がりぎみに描いているニャ！
いわゆる「モデル立ち」ニャ。お尻を突き出して体を正面にひねるニャ！

うことです。

当たり前のこととして何となく描いてもかなり近い結果にはなったかもしれませんが、意識すれば誇張の方向性がしっかりするはずです。

ジャンプの途中など体重がかかっていない状態でこれから片足を着こうとする場合、ショックをやわらげるためにその片足を伸ばそうとした時、体重がかかった足とは逆に腰骨が下がった状態になります。

肩もショックを殺すために体を伸ばすように上がっているはずですがこの場合はバランスを取る必要もあるので両方の肩を持ち上げてショックに備えつつ重力ある浮遊感を描き出すことができます。

図13-5 コントラポストを活かした描き方③

疲れてくると歩幅は狭くなり、足が地面に着いている時間も増えて腰骨は足が着いている側が持ち上がる。両肩や腕も重くなり、肩は下がり、腕の振りは小さくなる。そう描くことで疲れによる体の重さが表現できる

元気に走る少年は振り上げた足に引っ張られて腰骨も持ち上がる。コントラポストの腰の傾きとは逆になる。そうすることで重力を感じさせないウキウキ感を表現できる

慣性で左足が出てしまったところ

快活な子供は重力をあまり感じさせない。重さより動かした体のパーツの慣性を描くといい

飛び降りる少年。地面から受ける衝撃をやわらげるために右足を大きく伸ばして、右の腰骨を下げた状態になる

飛びかかろうとしているところ。腕の振りを利用して勢いをつけるために両腕を下げている。動く前には力を溜める動きがあるはずだ

図13-6 コントラポストの応用（殴るシーン）

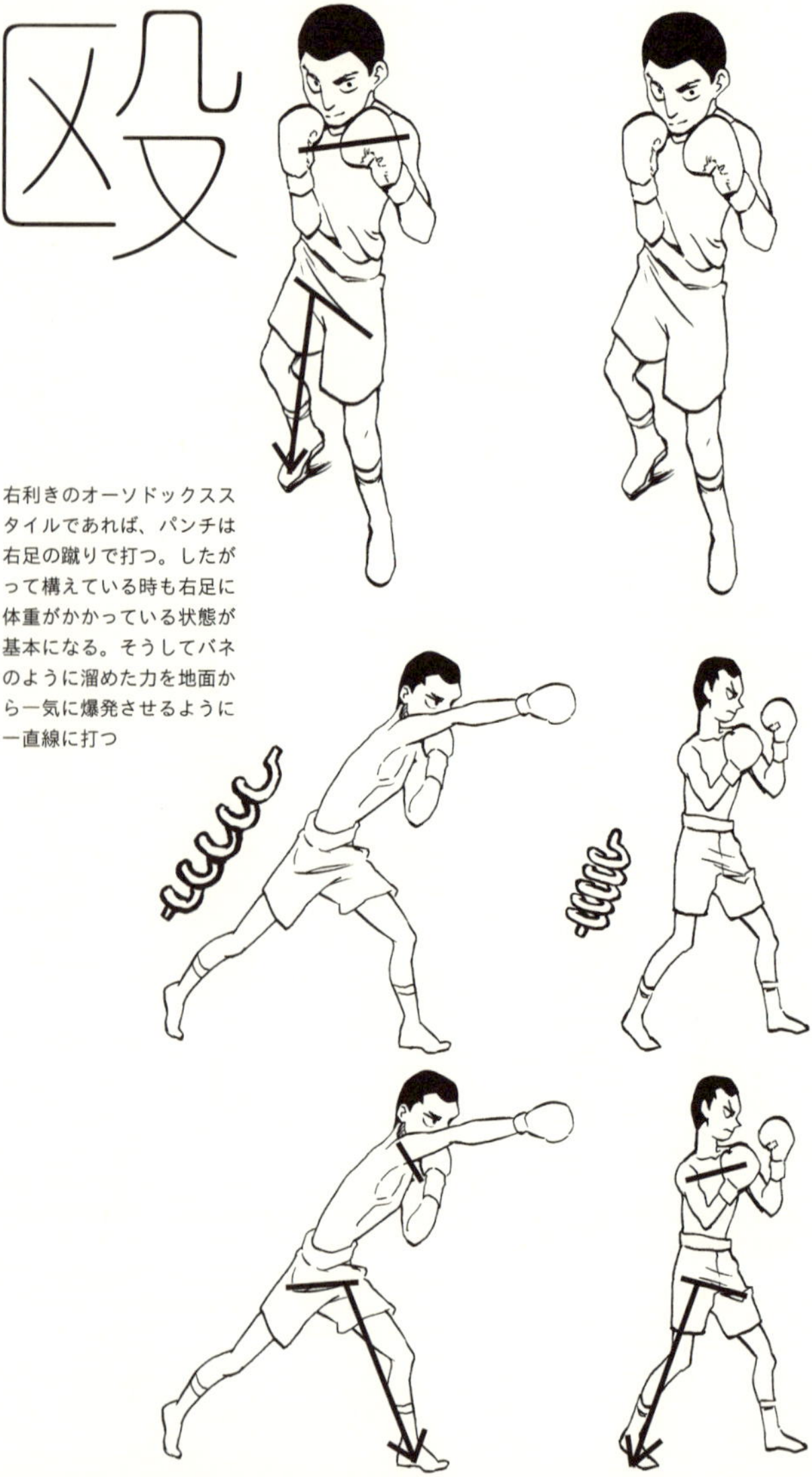

右利きのオーソドックススタイルであれば、パンチは右足の蹴りで打つ。したがって構えている時も右足に体重がかかっている状態が基本になる。そうしてバネのように溜めた力を地面から一気に爆発させるように一直線に打つ

14 漫画におけるキャラクター表の描き方

キャラクター表と言えば多くの人がアニメのものを思い浮かべると思いますが、漫画のキャラクター表はアニメのそれとは使用目的が全く違います。したがって描き方も根本的に異なります。

アニメの場合は一人の人間がキャラを全て描くのではなく分業なので他の原画家がキャラクター表を見ながら同じキャラを描けるように分かりやすくなっています。つまり基本となるポーズや表情が描かれているということです。

しかし漫画の場合は作品のイメージを編集者に伝えるためのものなのであくまでも作中での活躍をイメージした表情やポーズを描くべきです。ペン入れや仕上げも作品をイメージさせるように。それが企画を通すために有効なキャラクター表です。生き生きした躍動、生々しい表情を描こう！

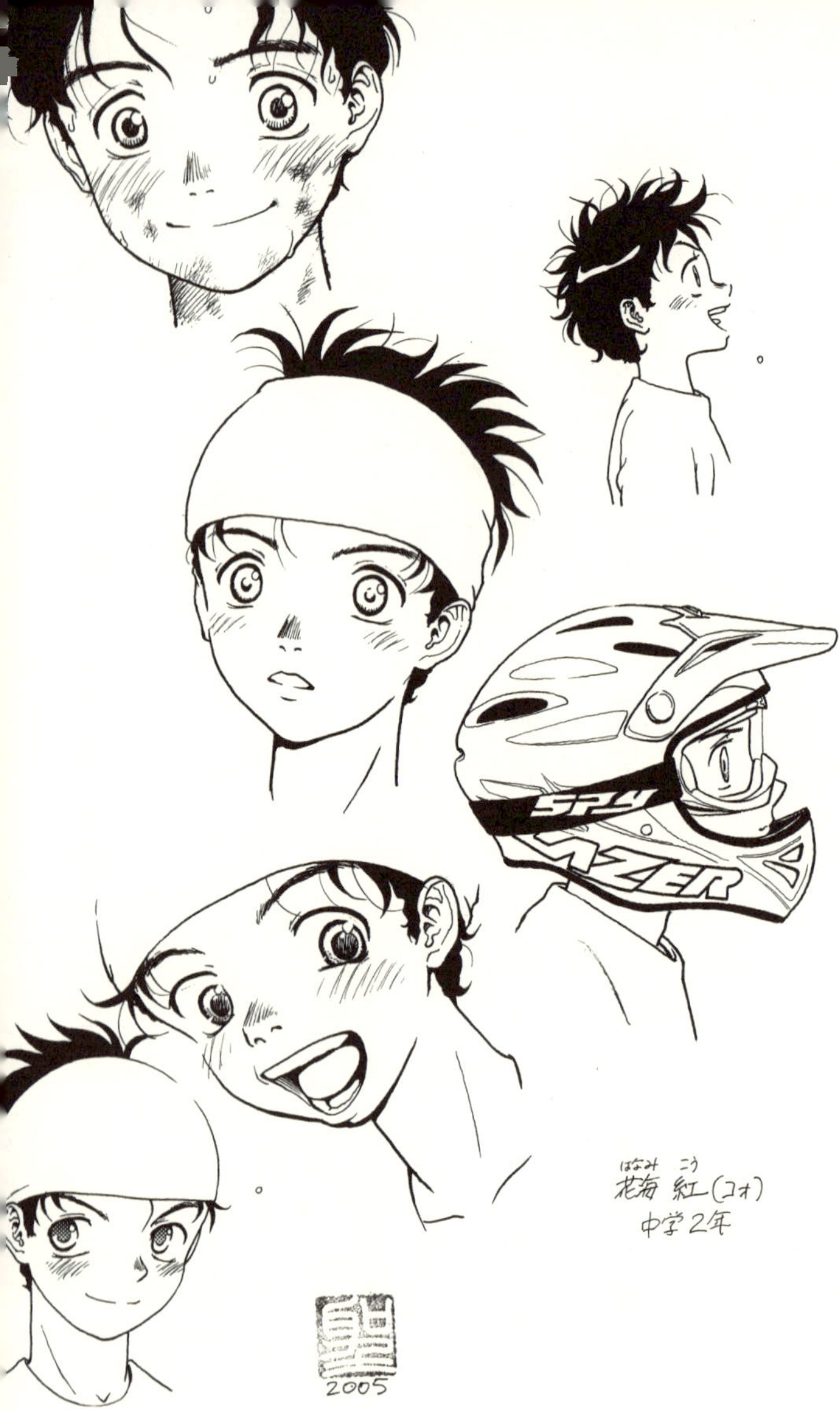
花海《はなみ》 紅《こう》(コオ)
中学2年
2005

週刊少年ジャンプ用に
描いたキャラ表。この
ネームはボツになり、
違うネームが使われた
が（><；

原稿に描くイメージに近づけるためにネームにあるシーンから描きおこした

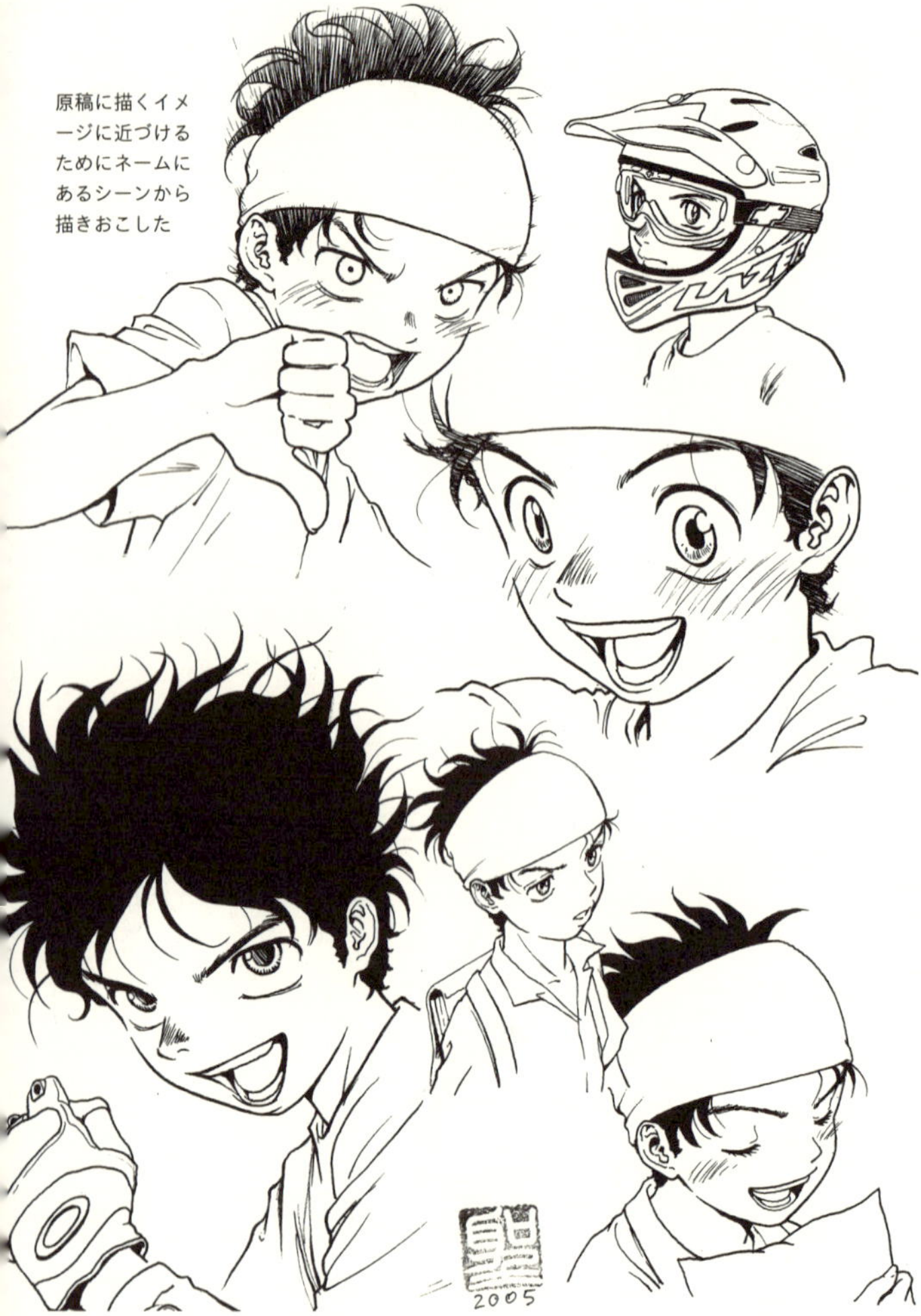

生き生きしたシーンを伝えよう！

自転車（MTB ダウンヒル）漫画の企画だったので、自転車に生き生きと乗っているシーンもキャラ表に加えた

ラブレターを渡すシーンを想定して描いたキャラ表

イメージを伝えるためにシーン丸ごと描いたもの。無口なキャラなので全身で、動きで表現した。読み切りとはいえ週刊少年ジャンプに出した企画だったので主人公のキャラ表だけでも10枚になった。半端ではない競争率のジャンプではやる気を見せることが必要なのだ。『バクマン。』（原作：大場つぐみ　漫画：小畑健）で描かれていることは絵空事ではない。ネーム10本分を描いて連載企画を出したり、連載ネームに2本の読み切りネームと3本を同時に出したことも私自身あるし、他のジャンプ作家もそれくらいは珍しいことではない。メジャー誌を目指すなら、まずそうしたパワーが必要だ！

15 コマ割りの秘訣・コマの大きさと時間の関係

コマ割りは漫画の最大の特徴であり長所です。なぜなら映画やテレビ、アニメにも小説にもない表現だからです。見開きのど迫力に感動したり、熱くなった経験は誰しもあると思います。コマの大小の使い分けこそが漫画の最終兵器であるとも言えます。

では、その大小をどう使い分けるのか?

主人公の大技が飛び出すコマ、読者を泣かせたい衝撃的なコマ……そんなインパクトの欲しいコマは大きくして、あまり意味のないコマは小さくする。そうして本を開いてみるとメリハリやリズムが生まれています。小さなコマが続いた後に大きなコマが出てくると読んだ時のコマの重要度が違うようにも感じられるはずです。

それくらいは漫画を何本か描いたことのある人なら常識ではないかと思います。とはいえ、実際に漫画を描く上ではどのコマを大きく構成すればいいのかは難しい問題です。

しかし、誰もが比較的簡単にコマの大きさを決定できる方法があります。

ここではその方法について話しましょう。

自然に流れる時間と体感時間の違い

ある時、仕事中に映画評論家の町山智浩さんがラジオだかポッドキャストだかで当たり前のこととしてこんな話をしていました。

「漫画のコマの大きさは時間の長さを表している」

正確な言葉は覚えていませんが内容は間違いないはずです。私は聴いた瞬間から「それは違うだろう！」と大きな違和感を覚えました。

以後、私はどの漫画を読む時も漫画の中の経過時間を気にするようになりました。やはりどの漫画でもこの理論は当てはまりませんでした。

そんな時、ウチの本棚に置かれた、かつてのお気に入り新書が目に入り、私は「あっ」と声を上げました。町山さんが言いたかったのはこういうことかもしれないと。新書のタイトルは『ゾウの時間 ネズミの時間――サイズの生物学』（本川達雄）。ベストセラーにもなった目からウロコの「生物にとっての時間の研究本」です。

内容を簡単に紹介しましょう。

体の大きな生物は長く生きて、小さな生物は短命ですが、生涯における心拍数、心臓の動く回数は同じくらいなのだそうです。つまり彼らは第三者的に見ると生きている時間の長さは異なりますが、生命が体感する生涯の時間は同じということです。

ならば、早鐘の如く心臓バクバクの時には一瞬を長く感じているのではないでしょうか。子供の頃、妙に時間が長く感じられたのは心臓が速く動いていたから？　事故にあって死にそうになった瞬間がスローモーションに見えるのも同じ？　大雑把に見て、鼓動の速さこそが生命にとっての実感であり体感時間の基準なのではないか？

時間とは全ての人に等しく流れているものではないようです。

私自身も若き日に愚かにも奥多摩の山奥を冬の真夜中にドライブしていてアイスバーンで滑り、クルマが激しくスピン、単独事故を起こしたことがあります。クルマはしたたかにフロントをガードレールに強打して大破。反動でリアも反対車線のガードレールにぶつけた痛い経験でした。「死ぬかもしれない」と本能が察知したのでしょう。スピンしている時間は体感として恐ろしく長く、滑り出した瞬間から「うわ、カウンターは間に合わない、当たる当たる当たる、あー当たった」と思い、フロントをぶつけ大破したFRP（硝子繊維を含んだプラスチック）は、まるでスローモーションで舞う雪のように見えました。さらにリアをぶつけるまで時間にすると2秒ほどの間に、私は何度も「頼むからもうぶつかるな！　ぶつかるな！　ぶつかるな！」と繰り返し心の中で唱えた鮮明な記憶があります。

体感時間とは生き物によって違うだけでなく、自分自身の中でさえも感情の高ぶりによって変わるということです。

つまり時間とは主観的なものでしかないのだから漫画の中の時間も体感時間であると考えるべきです。

体感時間とコマの大きさを比例させる

誰もがそのタイトルくらいは知っている『スラムダンク』は全31巻もありながら、経過する時間はわずか4ヶ月に過ぎません。

この漫画は一瞬一瞬をとても長く描いているということです。それでも読んでいて間延びすることは全くありません。バスケットボール経験者である井上雄彦さんが想像する体感時間を描いているからでしょう。

では、自分の感じる高いテンション、一瞬を長く感じられる時間を漫画ではどう表現すべきでしょうか？

それこそコマの大きさで魅せるべきです。

「この表情を、このシーンを見せたい」と作者が望み、どアップにする大きなコマは内容的にもテンションが上がっている場面であり、時間が止まったかのように感じられる長い瞬間です。

また、テンションは低いシーンだが長い時間の経過があったと読者に感じさせたい時も大きなコマは説得力があります。刑務所に拘留され、10年が経過したというなら10年分を感じさせる大きなコマが合います。

はっきり言ってしまうと、心拍数を基準にコマの大きさを決めるといいでしょう。そのコマでどれだけドキドキしているか。びっくりして恐怖に震える瞬間のアップを大きなコマにするのはそういうことだったのです。

もちろん厳密な心拍数など分かるものではないので印象としての心拍数ということになりますが、どのコマを大きくしていいか分からなかった人にとってははっきりした基準になるはずです。

「コマの大きさ」は体感時間＝心拍数に比例する。

恐らく漫画家の誰もが意識しないうちに行き着いた技術だと思いますが、誰もが最高の表現を目指した結果と言えるでしょう。偉大な先人達に敬意を表したいと思います。

ただ、その基準でコマ割りをしてしまったら個性が出ないと思う人もいます。これは心配無用です。描きたいことが何であるか？　描いている人がどんな人か？　どんな価値観かによって人はドキドキする部分が違うからです。漫画はこんな部分でも読者に作者の感覚を共有させせられるということです。

自分の大事なドキドキを漫画に込めて表現していきましょう。


余談ですが、そうして考えると高いテンションで毎日がドキドキな子供達が読む、少年少女が主人公の漫画はコマが全体的に大きく取られているものです。読む年齢層が高くなるほどコマは小さいということにも当てはまります。

これも自然淘汰によって研ぎ澄まされてきた技術というものでしょう。

ドキドキする緊張感がある漫画の代表として私は『賭博黙示録カイジ』『陸奥圓明流外伝修羅の刻』が思い浮かびますが、作者である福本伸行先生も川原正敏先生も失礼ながらプロとしては上手な絵に見えないと思います。

しかし、どちらも面白さ、緊張感の高さは飛び抜けたものがあります。もちろん台詞や構成、キャラの魅力などもあると思いますが、この希有なまでのドキドキ感はやはりコマ割りが大きく影響しています。他の漫画より大雑把な絵であるにもかかわらず、大きなコマを堂々と使いこなしているからこそ読者に響く緊張感が生み出されていると思います。

そんなテンションが高く、キャラクターの必死さが全面に出るような作品は新人がなかなかやらせてもらえるようなことではありませんが、たとえ絵に自信がなくても「ドキドキするような緊張感を作りたければ、テンションの高いコマほど大きく描く」ということは覚えておいて損はないでしょう。

16 視野から考える遠近法と臨場感

実は歪んでいる目の前の景色

かつて宮崎駿監督が「パースをちゃんとやりすぎるとかえって絵はおかしくなる。人間の目はそんなふうに見えていないんだから」というような内容を語っていました。「それはそうだろうけど、うーん、うーん……」と私はそれを何年も何とか誰にでも分かる形で理論化できないかと考えていました。

前作『10年メシが食える漫画家入門』（アフタヌーン新書）において視界の中央から外れるほど見えている円、つまり楕円は歪んでいくと書いたものの、若い頃はこの理屈がどうしても納得いかなかったのです。だって歪んだ楕円を見た覚えがなかったからです。

たとえば海苔が入っているような楕円の缶。その上の楕円はいつ見ても歪んでいない楕円に見えたのです。

理由は簡単、人間は見たいものは顔をそちらに向けて正面から見るので印象として楕円は歪まないわけです。

しかしパースの理論としてはそれは間違いです。よぉーく見ると視界の中央から少し外れればやっぱり歪んで見えるものです。でも人間は目の前の景色が歪まずに見えていると感じています。空間の広がりも感じます。

これはなぜでしょう？　これこそが人間の目で見た世界のパースへの手がかりではないかと探ってみました。

まず真っ直ぐ正面を見ている時、人間の視界はテレビ画面でもおなじみですが上下と左右の視界が違います。

かつては縦横比率（画面アスペクト比）は4：3というのがテレビ画面の基準でしたが、現在では16：9になっています。

これは縦横比率16：9が人間の視覚範囲に近いという研究結果によるものだそうです。つまり人間の視界により近い絵作りをしたければ、この16：

図16-1 人間の視界（16:9）に近づくと臨場感が出る

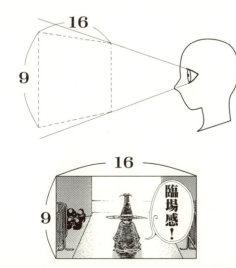

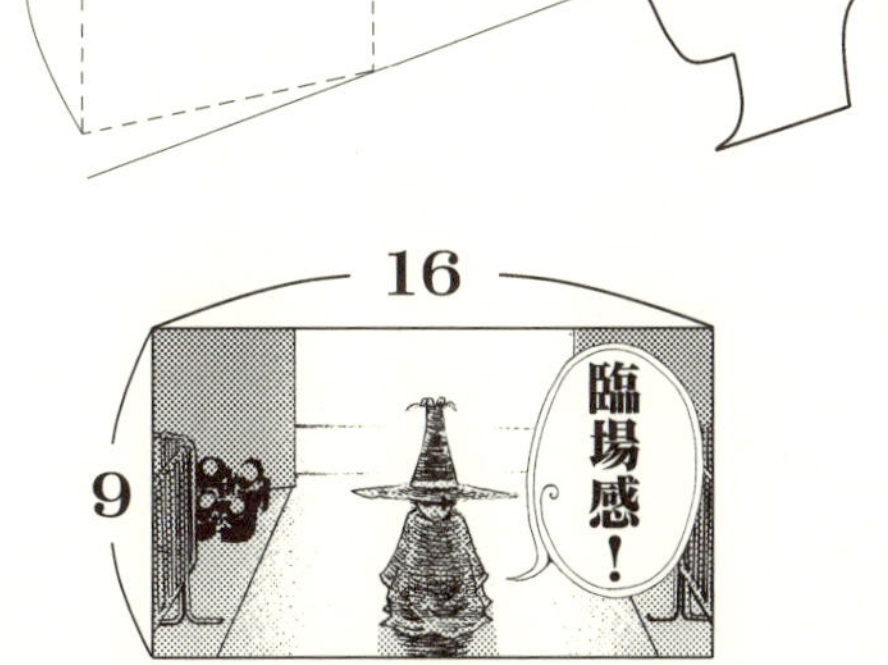

9に近いコマを多用すれば良いということです。

余談になりますが、『修羅の門』『陸奥圓明流外伝 修羅の刻』の川原正敏先生の漫画が決して描き込んでいるわけでもないのにピリピリくるような凄まじい緊張感に溢れているのはここに秘密があるのかもしれません。川原先生の漫画は横長のコマ割りが基本ですから。

16：9でなくても横長のコマを多用すると人の視界に臨場感を与えます。そういう意味では見開きページがパノラマ的な効果と大きなインパクトを生み出せるのはこの左右に広く、視界いっぱいの表現だからでしょう。

人間目線に近づく描き方

視野には個人差がありますが、中心から離れるほど実際には視界がボケていきます。視野の周辺は目に映ってはいるものの色や形まで見分けることはできません。これは構造上のことであり視力の良し悪しに関係なく視界の全てが見える人はいないということです。
141ページ・図**16-2**の表は日本人の視野（目に映る範囲）の平均値です。表でも分かるように視線を動かさずに認識できている視野角度（視錐）は60度〜80度、正確に見えるとなれば視線を中心にわずか5度もないくらいだそうです。

一点を見ながらどれだけ周囲が見られるかを表す有効視野は別として、人がちゃんと見えているものがわずか5度ということは人は１４２ページ・図**16-3**のモザイク写真のように、視界に映る小さな四角形に近いものを頭の中で重ね合わせてこの世界を認識していると考えられるのはないでしょうか。

そこで自由に目を動かして見た世界はどんなパースなのか実際に立ち位置を変えずに写真を撮って位置合わせをしてみました（１４３ページ・図**16-4**）。

さらに写真を参考にできる限り人間目線のパースガイドを作ってみたのが１４５ページの図**16-5**です。

視心（図の中心）から延びる十字の周りはごちゃごちゃしそうなので（ちゃんと描くと真っ黒になりそう）描いていませんが、十字のラインに近くなるほど直線に近づく線が増えていくと考えて下さい。

そして、このパースガイドからは地平線や視心を通る中心の縦線と平行の線は、ガイドの中心の十字から離れるほど円に近づくことが分かると思います。

実際に絵を描き込んでみたのが１４６・１４７ページの図**16-6**・図**16-7**です。

やってみて分かりましたが、これは魚眼レンズで見える世界ですね。

図16-2　視野の平均値（日本人）

方　向	上	上外	外	外下	下	下内	内	内上
角　度	60	75	95	80	70	60	60	60

※交通事故サポートセンター資料より（ゴールドマン型統計による）

図16-3 人は小さな景色を重ね合わせて世界を認識している

図16-4 見える世界はこんなパースになっている

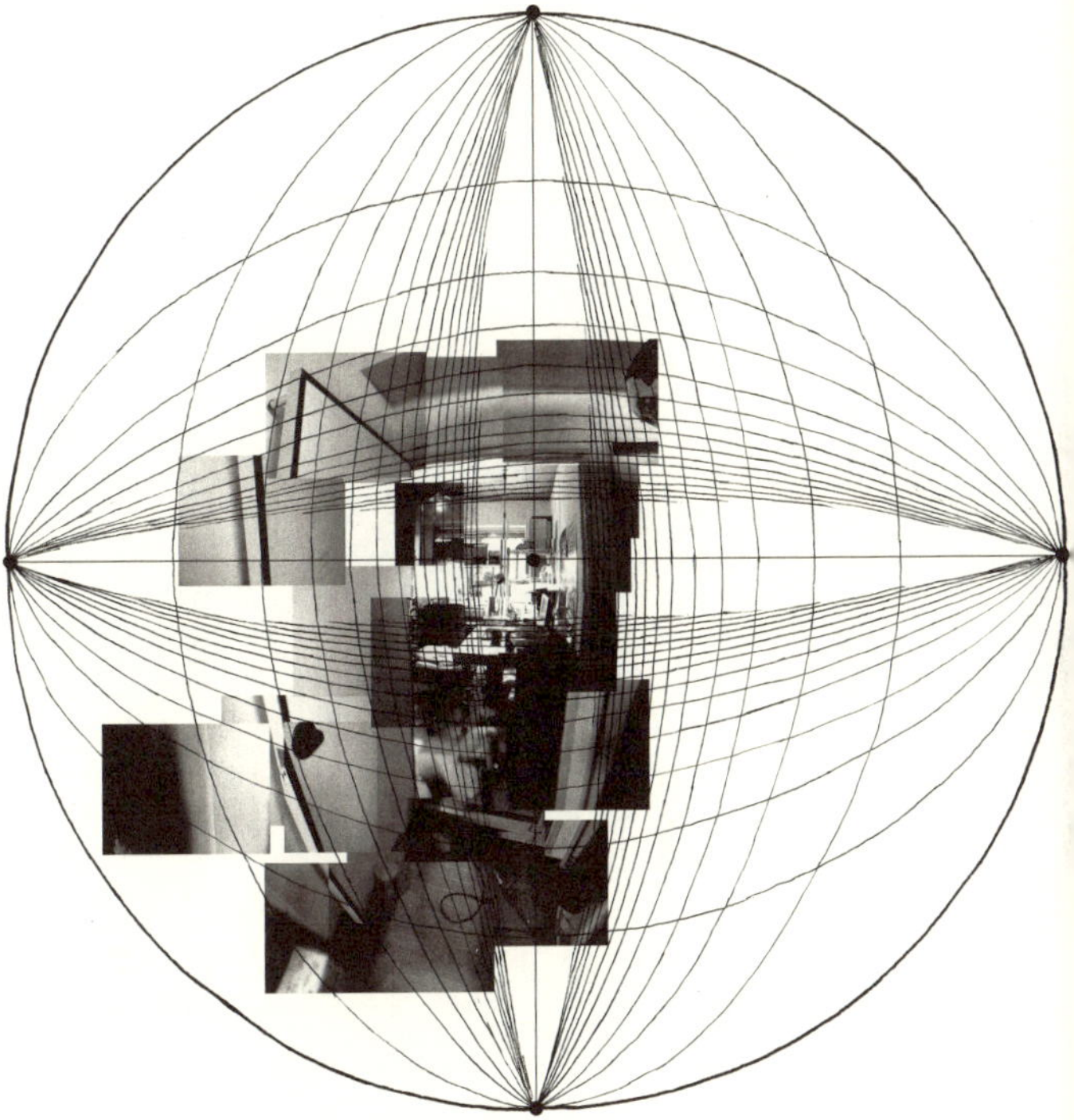

ならば首まで動かせると考えて真横あたりも正面のように見た状態の写真までコラージュするとどうなるのかやってみました（149ページ・図**16-8**、150ページ・図**16-9**）。この2つのコラージュからは共通して上下に地平線から離れるほど縦線にブレが出ていることが分かります。

最初は手ブレなのかと思いましたが実は違います。

真横の写真を撮る時はそこが正面になるため縦の曲線の反りが中央を向いている時と逆になるからです。

ではなぜ縦線だけに起こったのでしょうか？

それは人間が普段地平線あたりを見ている状態が自然なものだからと、当たり前に写真を地平線中心に並べてしまったからです。

最初から縦のラインを基準に写真を撮り、縦のライン中心に並べれば、縦ラインから離れた横の線に当然ブレが出るはずです。

やはりこの方法では人間の見たままを完全に再現するのは無理があると分かりました。

しかし上下の地平線から離れた部分さえ見えなければそんなに不自然ではないわけですから縦線にパースをつけないようにして横に長いワイドな構図にしてしまえば人間の見た景

図16-5　五点曲線透視図法

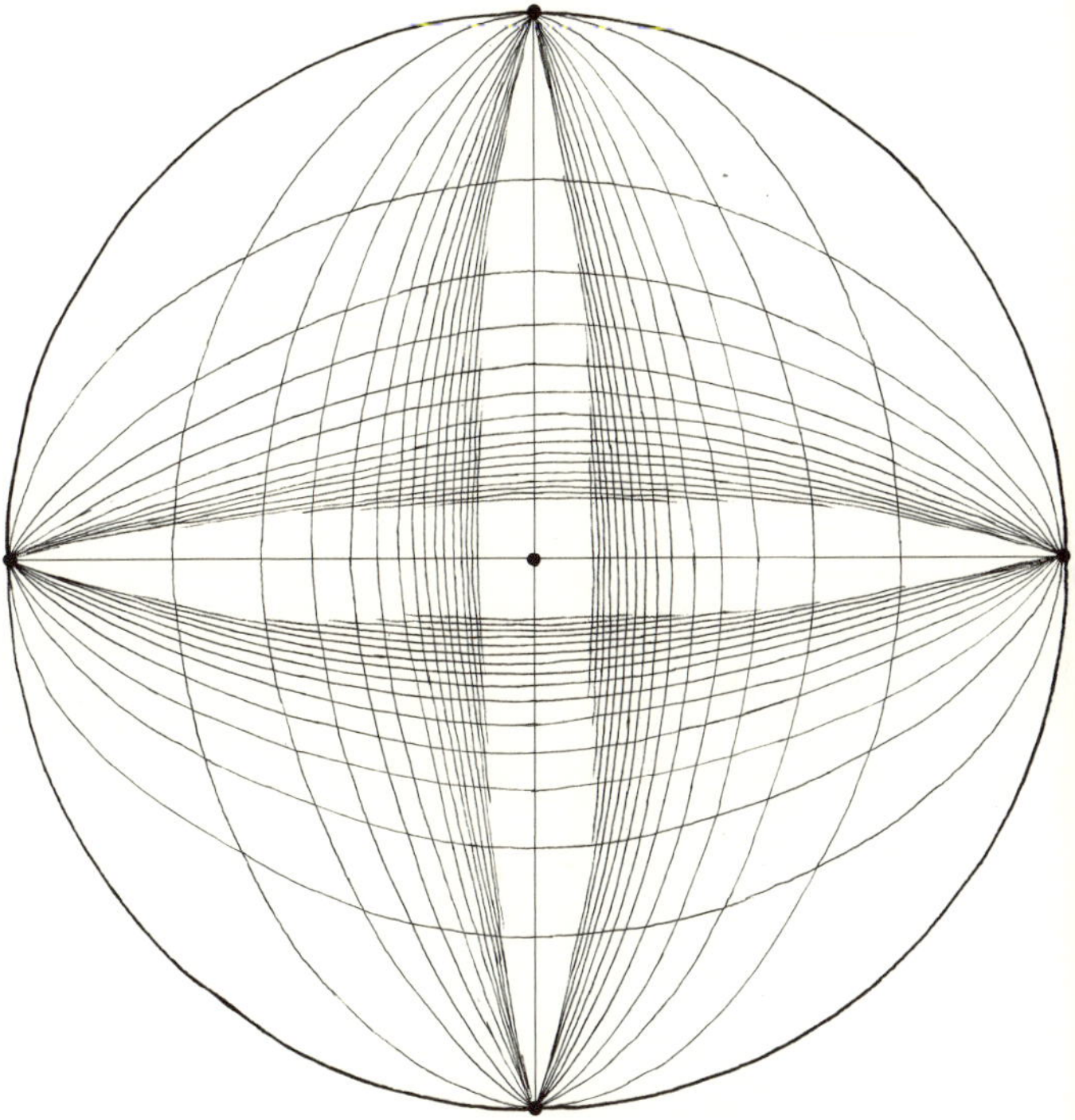

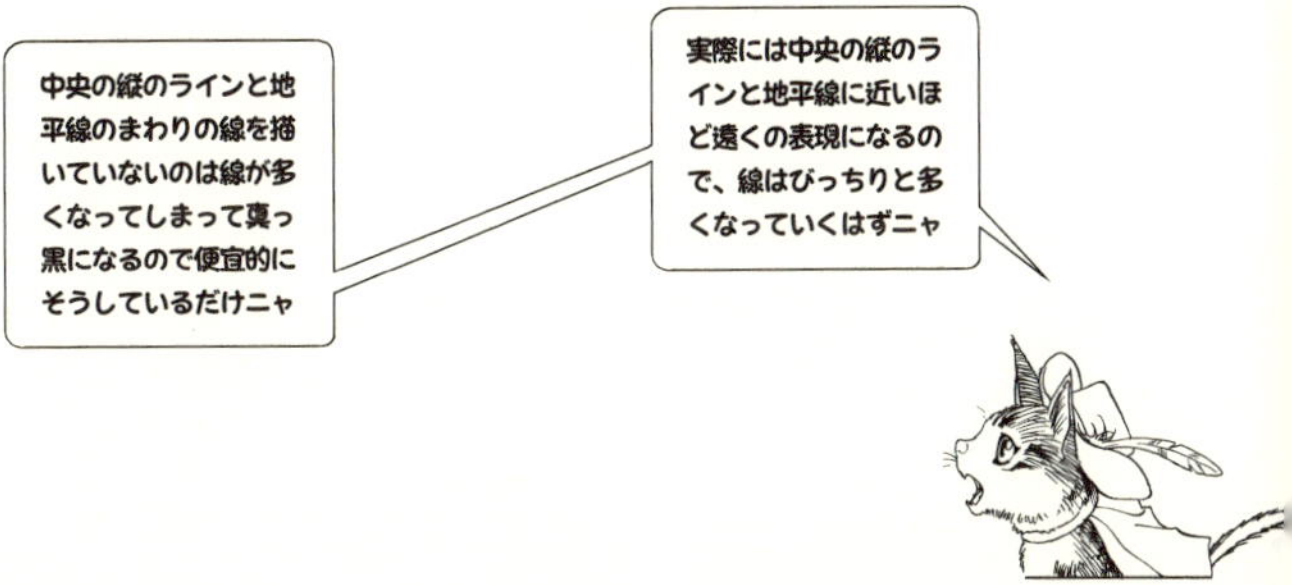

図16-6 魚眼の風景

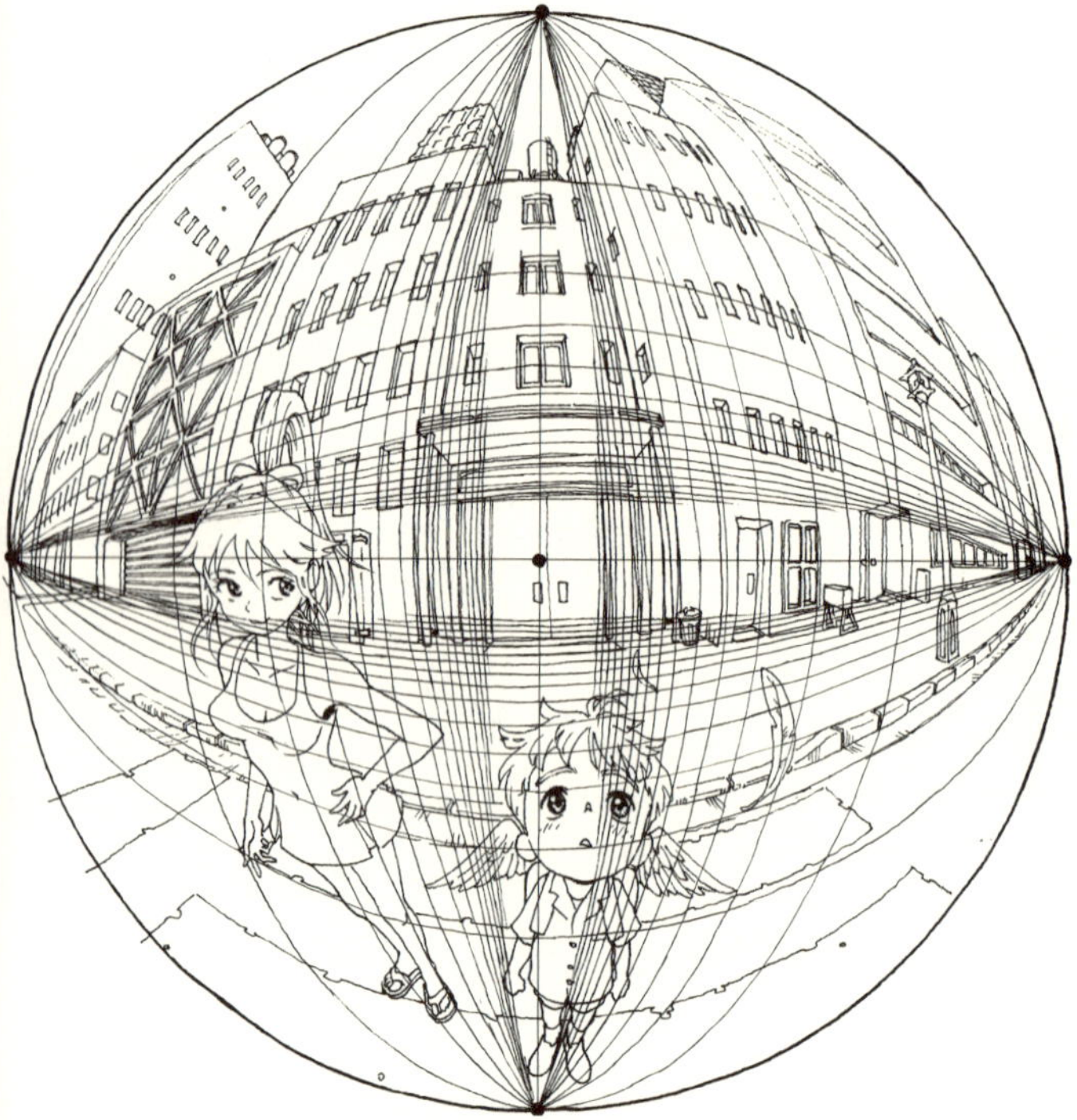

図16-7 パースを外した魚眼の風景

色の印象と極めて近くなるはずです。

人間は地面から垂直に立ったものを真っ直ぐ立っていると捉えているからです。自然な感覚で撮って並べたのが地平線中心に撮ったものだったというのは、それが人間の感じている世界に近いからだとも言えるはずです。

元々人間の視界はワイド画面のように横長なわけですから縦のアーチ状の歪みは感じにくいので無視してしまおうということです。この方法であれば左右のどこを向いてもそこを正面と捉えた絵になり楕円は歪まず、人間の感じている世界にかなり近くなるはずです（151ページ・図**16-10**）。

ここまで行き着いて調べてみると同じことを考えた人はやっぱりいるんですね。「曲線遠近法」という絵画技法があるようです。これは横長画面限定となりますが153ページ・図**16-11**のような上下がアーチ状になるグリッドを使って描くことができます。縦にパースは一切つけません。見上げたり、見下ろしたりしている時を除けば人間の感性はあくまで縦ラインはどこにあっても「縦なんだ」と感じているという仮定のパースです。実際に描いたコマを横長にトリミングしてみたのが154ページ・図**16-12**です。

一点透視では奥行きがあるのに中心から左右に真横でも距離ができるはず、という問題

図16-8 五点曲線透視図法・写真合わせ1

図**16-9** 五点曲線透視図法・写真合わせ2

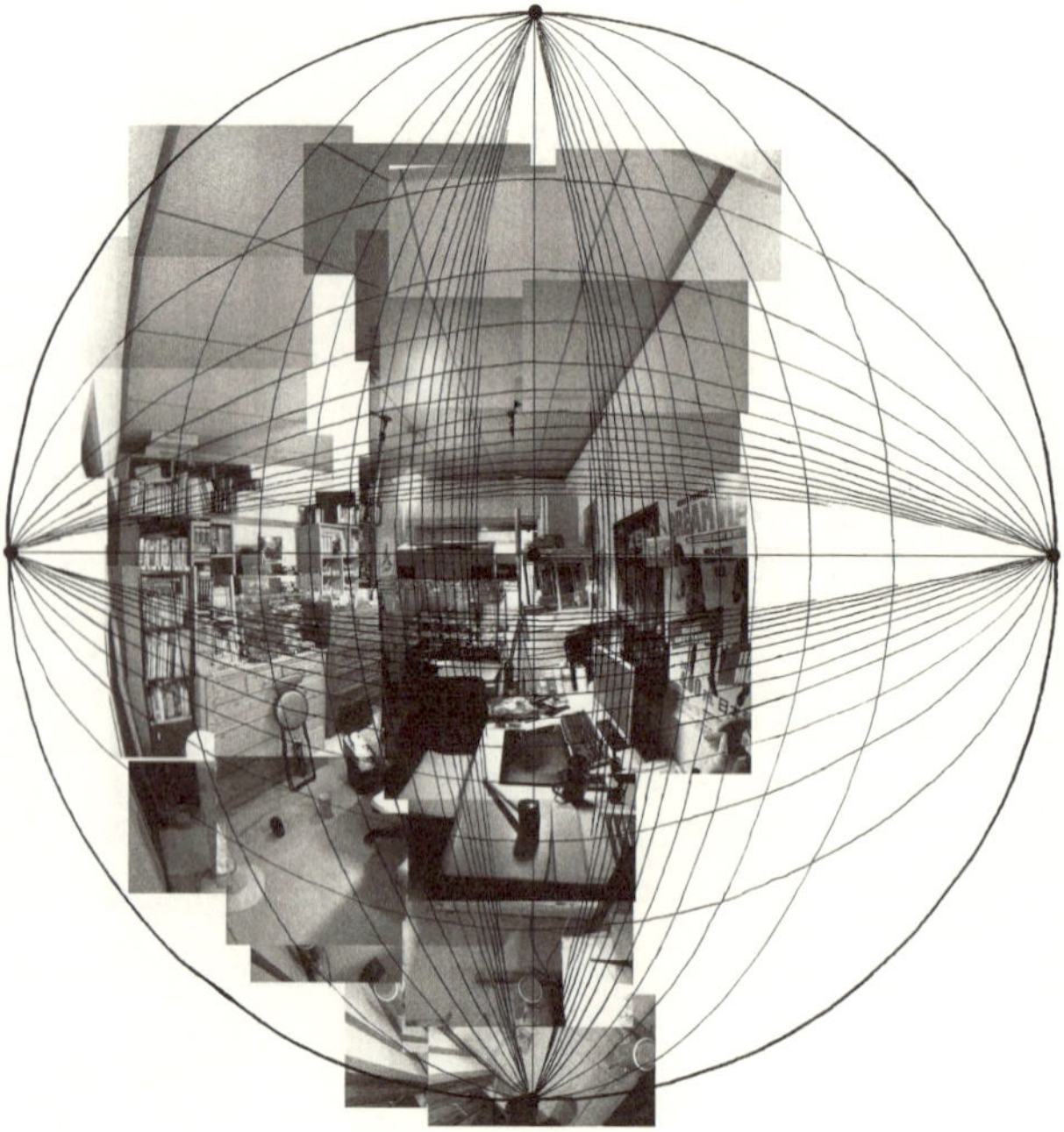

図**16-10** 五点曲線透視図法・写真合わせ3

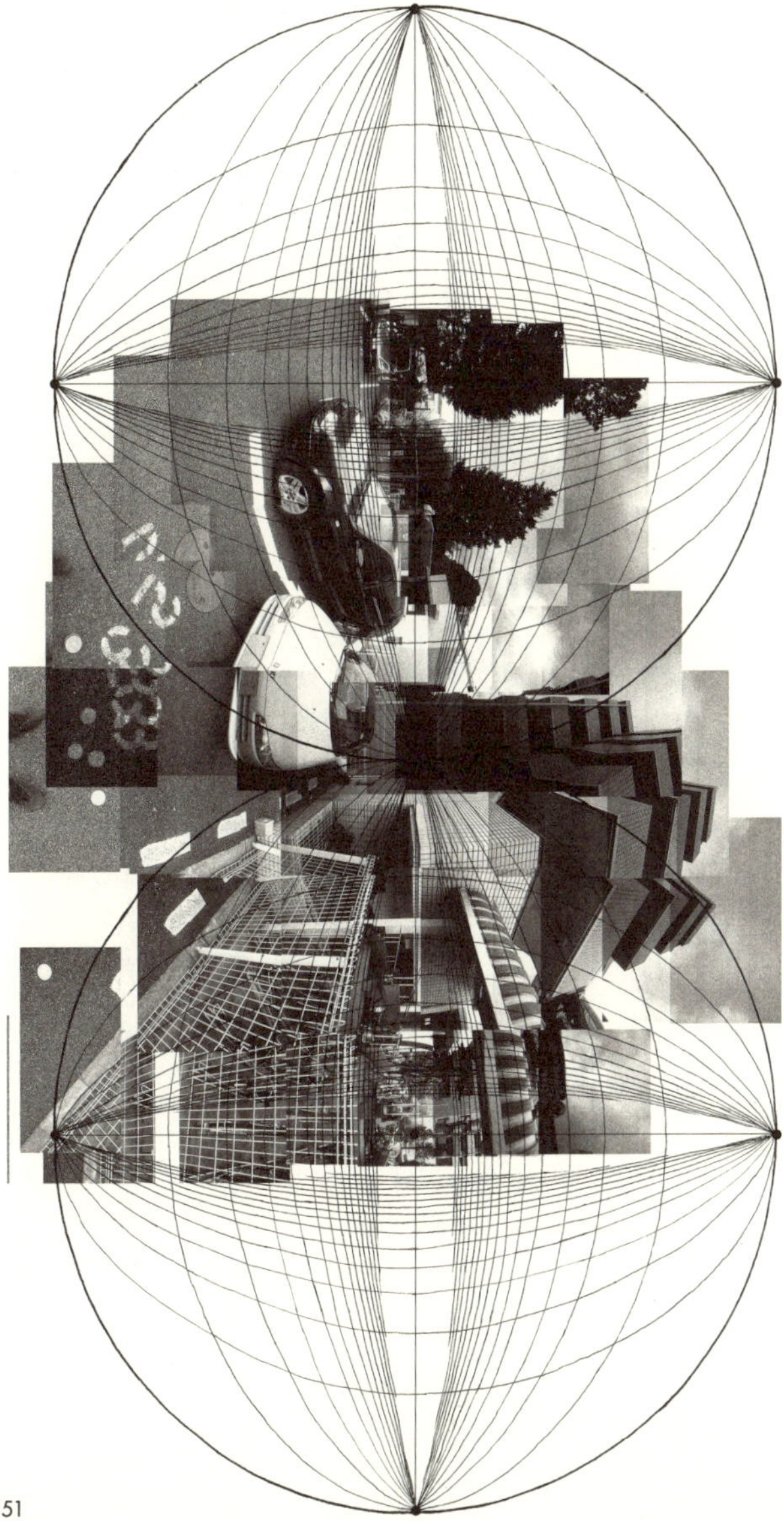

はこれで解消されます。この画面からさらにトリミングしてコマを導き出せば一点透視や二点透視より少し人間目線に近いパースの絵が描けるでしょう。

漫画や映画では人間目線の絵を多用することでキャラクターと読者を感情においてよりシンクロさせることができます。

スティーヴン・スピルバーグ監督の名作『E.T.』で、監督は徹底的にカメラの位置を子供目線にすることで大人まで子供の世界に引き込むことに成功し、大ヒット作品にしました。ただしこんな面倒臭い実験を忙しい漫画家がやっていられるはずもないでしょうから視界のどの辺りのものがどう見えるのか、何となくでも覚えておいてオールフリーハンドの絵などに取り入れて使うといかにも人の見た感じの味わいある絵になると思います。

図**16-11**　絵画技法である曲線遠近法

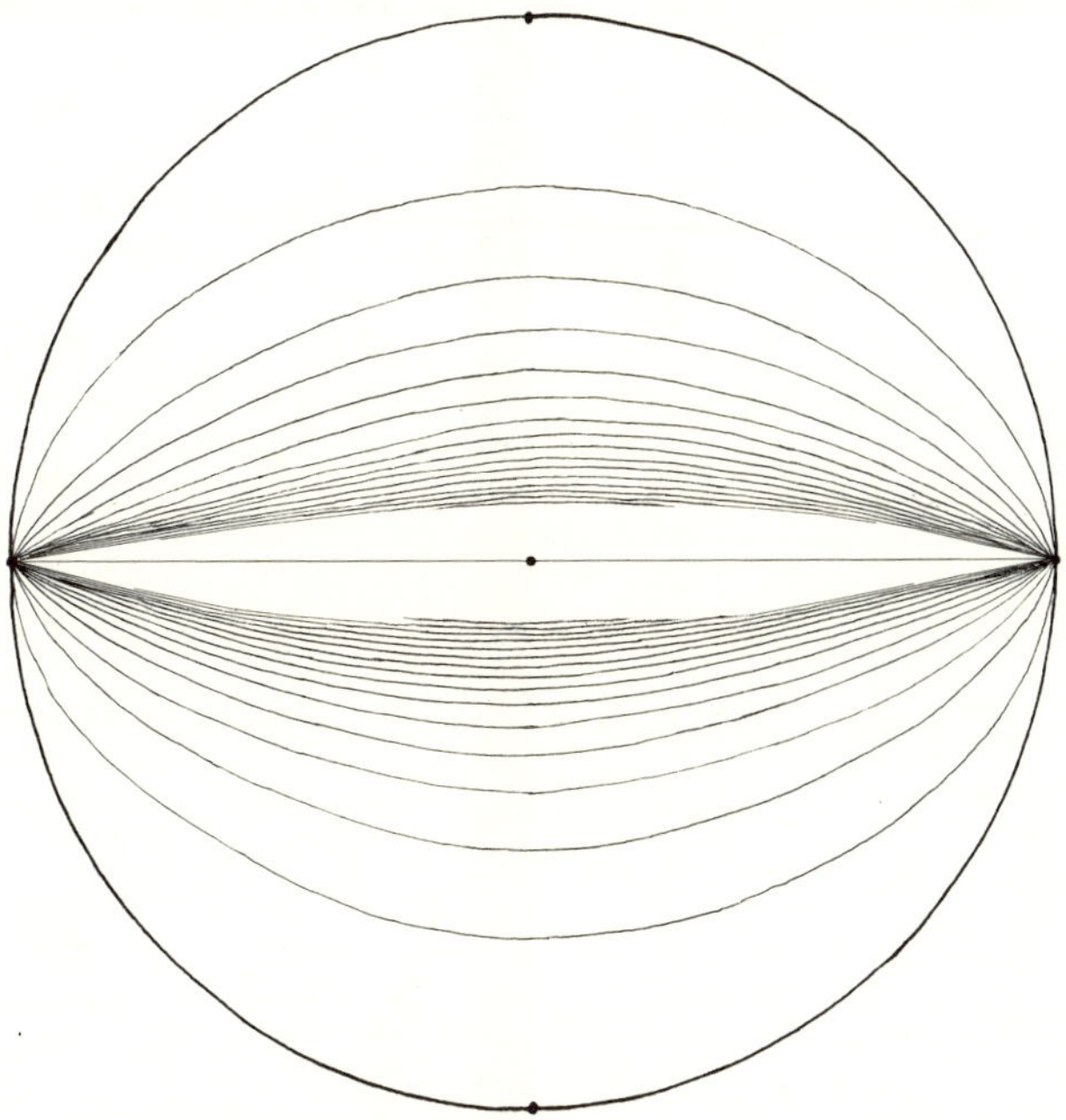

図**16-12** 同一平面上を走る横長のコマ

17 魅惑の演出法

大きく描くと強そうに見える

演出とは何でしょうか？

私は面白く見せることだと思います。構図やタイミング、読者をあっと言わせる仕掛けの面白さです。

映画で言えば監督の役割であり、一番おいしいところでもあります。絵が苦手だった私にとって若い頃から最もやりがいを感じてきた部分です。

そこで演出についてはなるべく自作から語ろうと思います。

いろんな手法がありますが、たとえば勧善懲悪な物語の場合、基本的には勝てそうにない悪人相手に正しい人（理のある者、勝たなければいけない理由のある者）が勝ってこそカタルシス（快感）があります。胸がすくような面白さだと読者が感じるのです。

ではそうした読者の快感をより大きくするにはどうするか？

敵を大きく描けばいいのです。ちばてつや先生の初期作品『ハリスの旋風《かぜ》』でも敵である番長は主人公の何倍も大きく描かれているように、古典的手法です。ボクシング漫画『あしたのジョー』（原作：高森朝雄　作画：ちばてつや）でも同様にライバル力石徹を大きく描き過ぎて、主人公ジョーとリング上で闘う前に力石が壮絶な減量に取り組む話が盛り込まれたのは有名な話です。

『ドラえもん』（藤子・F・不二雄）でものび太とジャイアンの体格差は非現実的です。しかしいじめられっ子にとってのいじめっ子の威圧感という意味ではリアルと言えるでしょう。漫画を読む子供達にとってはそれが正解です。

でも、大人が読む場合になるとあまり極端に描いてしまってもリアリティがなくなってしまいます。

だから何かしらの演出が必要になるというわけです。

見せるのではなく、魅せる

拙作『交通事故鑑定人 環倫一郎』（原作：梶研吾）はアメリカを舞台にしているので、日本人である主人公の倫一郎は相対的に小柄でも無理はありません。

しかも物をよく落とす癖があり、屈んで（小さくなって）拾うシーンが多い。その上ルーぺを持って這いずり回るように地面を調べるので必然的に目線が低くなります。そのため、悪人を主人公が見上げるシーンが多くなり、主人公目線で巨漢のように描けました。逆に悪人が主人公にトリックを見破られた時には立場が逆転してこそ読者に爽快感を与えられるので悪人を小さく、主人公を大きく見せるために悪人は敗北に打ちひしがれて跪《ひざまず》かせています。

この点で長寿時代劇『水戸黄門』はよくできています。何しろ印籠さえ出せばどんな悪者も小さな老人の前に跪くのですから。跪いた悪人目線で主人公を描けば、主人公の人間の大きさに負けたかのように魅せることができるわけです。事象を見せるのではなく魅せる（魅了する）のが演出ということですね。

以下に実際の使用例をピックアップしてみたので参考にして下さい。

『交通事故鑑定人 環倫一郎』での演出01

ただでさえ小柄な上にペコペコ頭を下げて、ますます小さく……

読者がアメリカ人と日本人の体格差に慣れてきてしまった頃には普通以上に大きな男を出して、主人公が大男の影にすっぽり隠れてしまうことでさらに大きな差を見せた。影というのも演出の大切な小道具だ

『交通事故鑑定人 環倫一郎』での演出 02

↑殴られて転がった目線から悪人を描くことで大きな敵に見せる

↓物を落とす癖を使って主人公をより小さく頼りなく見せる

『交通事故鑑定人 環倫一郎』での演出 03

上のコマは悪人がドアスコープ（覗き穴）から見た主人公。とにかく前半はあらゆるシーンで主人公を見下される存在として描いている。身長が低いというだけでなく精神的にも、である

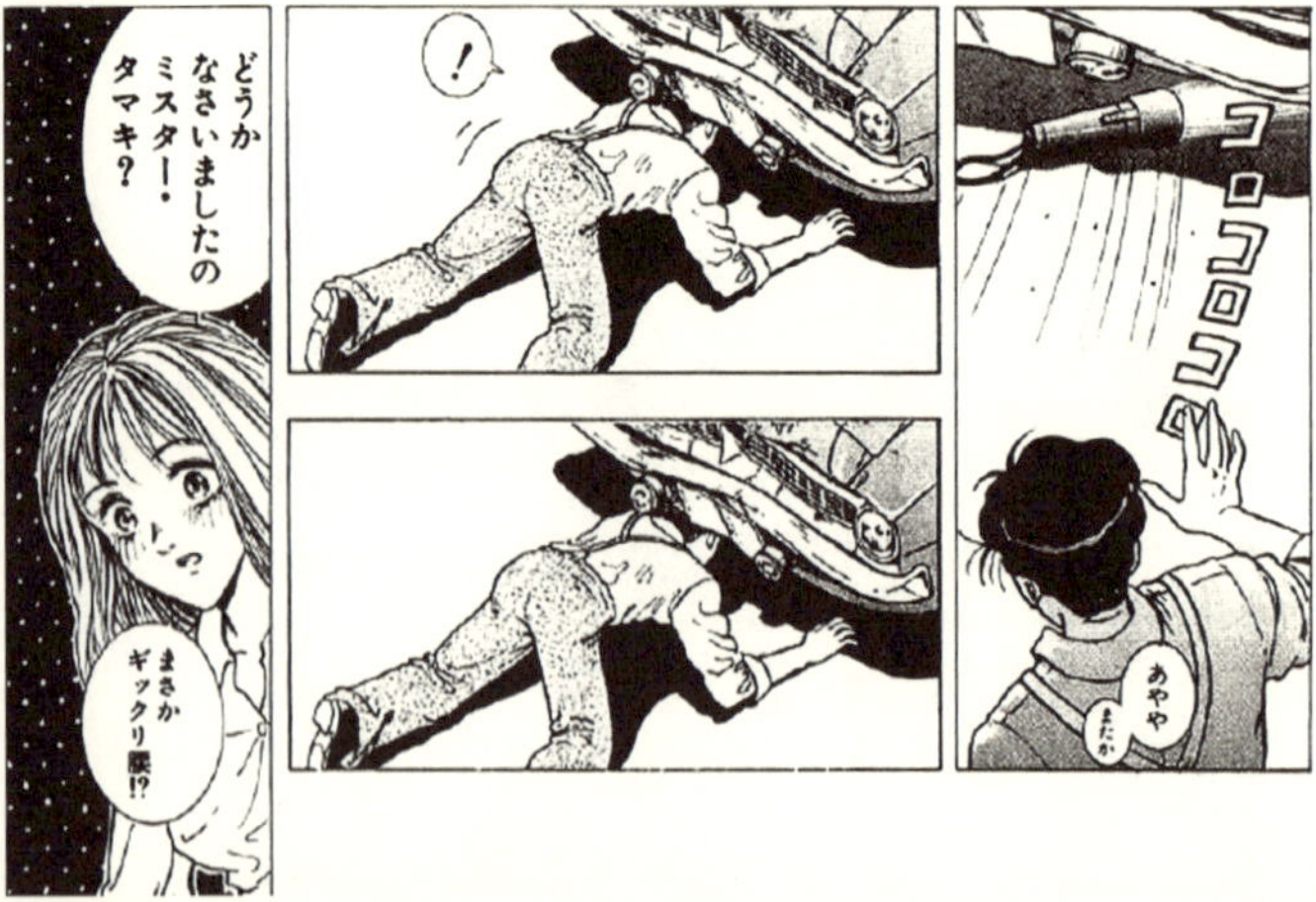

『交通事故鑑定人 環倫一郎』での演出04

↑反撃開始
普通に会話をしていたのでは絵としての２人の精神的位置関係を見せられないので、襟を摑まれ持ち上げられている状態を利用して初めて主人公が悪人を見下す構図に。反撃の始まる時間なので主人公・倫一郎の「キメ」の仕草である「片目ギロリ」で盛り上げる。ここから一気にクライマックスへ

『交通事故鑑定人 環倫一郎』での演出05

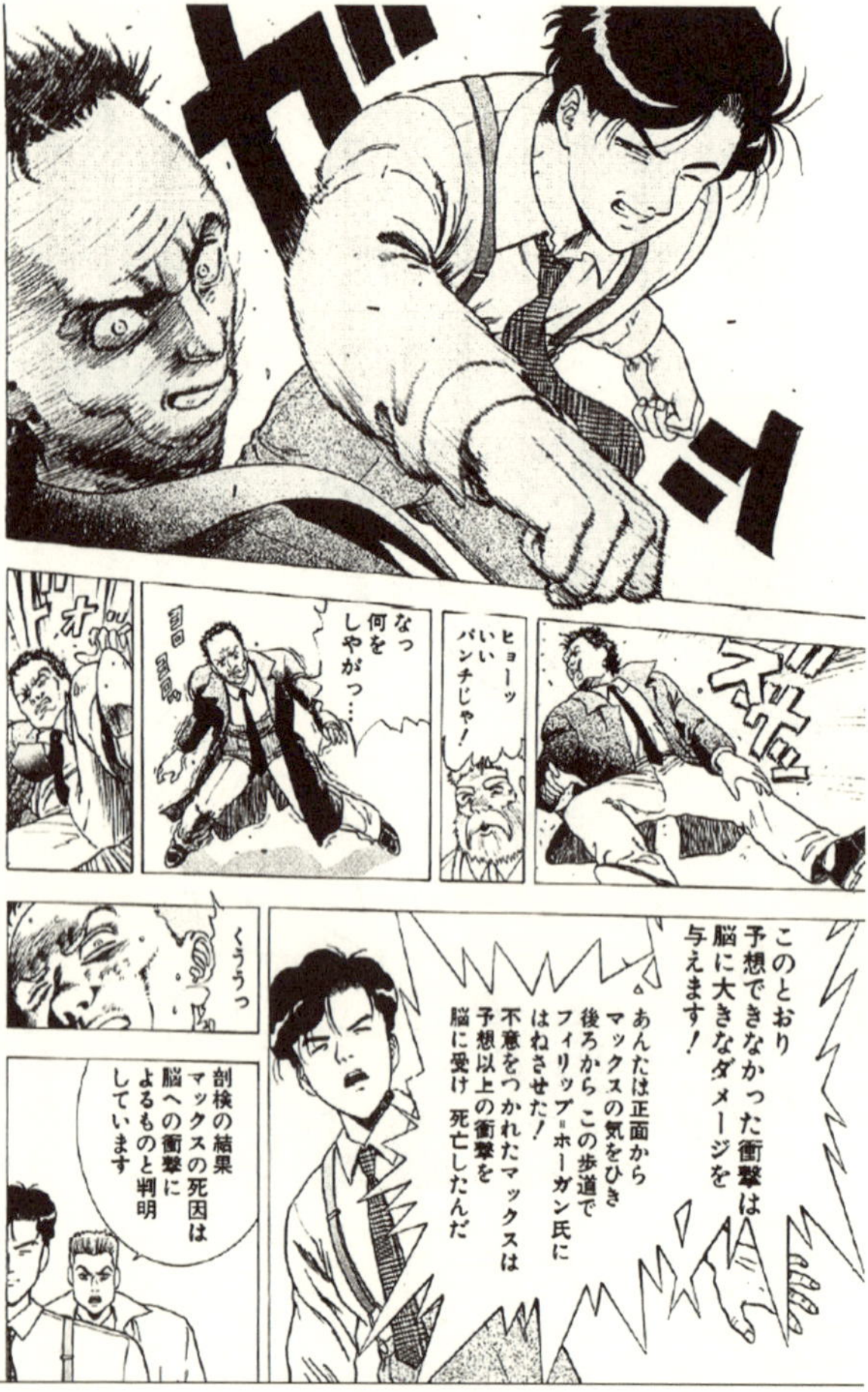

いよいよ事件の解決ということで精神的な位置関係は逆転。予期しなかったタイミングで殴られた犯人は仰向けに倒れて主人公を見上げることになり、その目線で描くことで読者にとっても主人公・倫一郎の存在は大きくなる

『交通事故鑑定人 環倫一郎』での演出06

犯人を追いつめるシーン。犯人は言い訳を考えるのに必死なので背景は必要ない。周りを見る余裕がないからである。こんな時は縦にコマを割ることで緊張感が高まる

ちなみに『交通事故鑑定人 環倫一郎』はマンガ図書館Z（http://www.mangaz.com/）で無料で読むことができるので時間があったら全体の流れの中で演出を確認するのも良いでしょう。

ここに挙げた例以外にも悪人が登場する時は階段の上からだったり、背景に光を持ってきて威圧感を演出したり、いろんな方法を使っています。

次は月刊アフタヌーンで描いていた『ZOMBIEMEN ゾンビメン』（共同執筆・岡エリ）という作品です。

基本ストーリーは、命が尽きようとする者が自分の命以上の価値のために生きる美しき姿を見せた時にのみ、涙型のホクロがある謎の少年ショボクロがゾンビにすることで思いの丈だけの力を与えるというものです。

『ZOMBIEMEN ゾンビメン』格闘家サムソン編

←つづく

まぁまぁ
次戦からの
トーナメントに
勝ち抜けば
いよいよ世界が
見えてくんだ
ともかく もう
打たれない
試合しようぜ！
あぁ
ガキッ

←つづく

冗談じゃないゼ
オレの蹴りがモロに入ったんだゼ!
フツー あれ以上やったら死んじまうってんだ
やったヤツしかわかんねーよ!
まともじゃねえってんだ!!
どした? うれしくて声も出ねーか?
欲しがってたモンばかりだろ?
兄ちゃん この プレゼントは 昨日もらったよ おんなじの
あ
バカッ
えっ!?

おいおい おめーら 悪ふざけが すぎるゼ
いくらオレが 忘れっぽいっ たって……
だから 言うなっ つったろ？
おいしいもの なら2つでも いいんだけど
記憶が 飛んでる!?
ホラ見ろ！ 兄ちゃんが……
まさか
打たれ すぎ…
これ以上 戦えば ……
オレは どーなっち まうんだ!!

←つづく

兄ちゃん
ゴメンね！
ホントは
プレゼント
なんて
どうでも
いいんだ!!
兄ちゃんが
元気でいて
くれた方が
オレ……
ボクだって
ボクも お腹
へっても
おかわり
がまんする！
チコ先生
まさか
死ぬなんて
ねーよな!!
オレ
プロテストに
受かったんだゼ！
ただ……
ピーー
ただ あんたに
見てほしくて……

ぎゅううう
わっ
兄ちゃん痛いよ!
コイツらは同じあの頃のオレだ!!
コイツらさえ笑ってくれるならオレは…オレは…どうなったって……

←つづく

解　説

この話の主人公・大男の格闘家サムソンは自らの育った孤児院の子供達を守るため金を稼ごうと戦い続けるが、彼はすでにゾンビ化が始まりつつあり（主人公はパンチドランカー症状だと思うのですが）記憶がどんどん消えていってしまうようになる。その姿を主人公目線で描いたのがこのシーン。主人公にとって印象深いシーンだけでつないでいくことで記憶を失ったことと衝撃の両方を感じてもらおうとした演出である

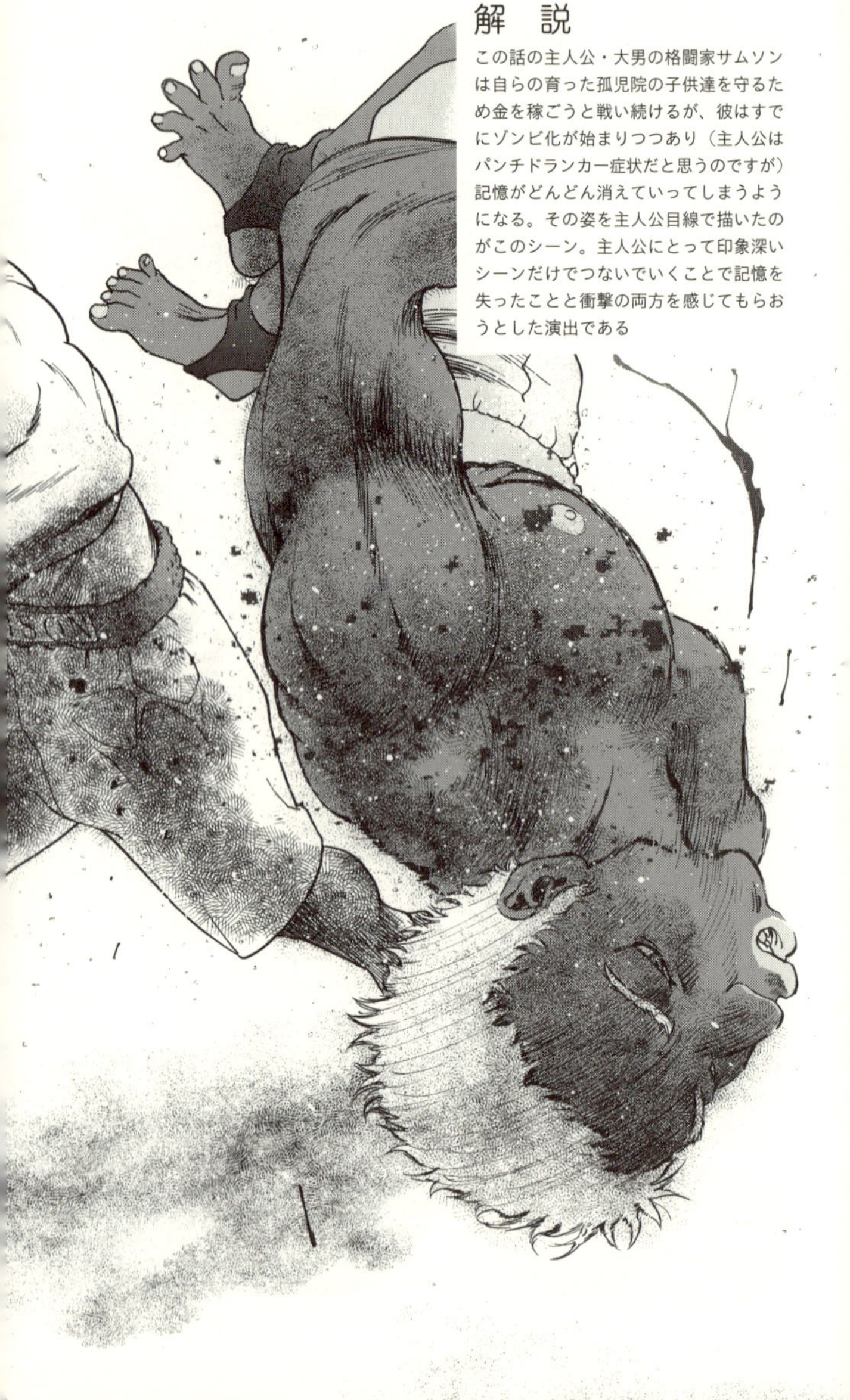

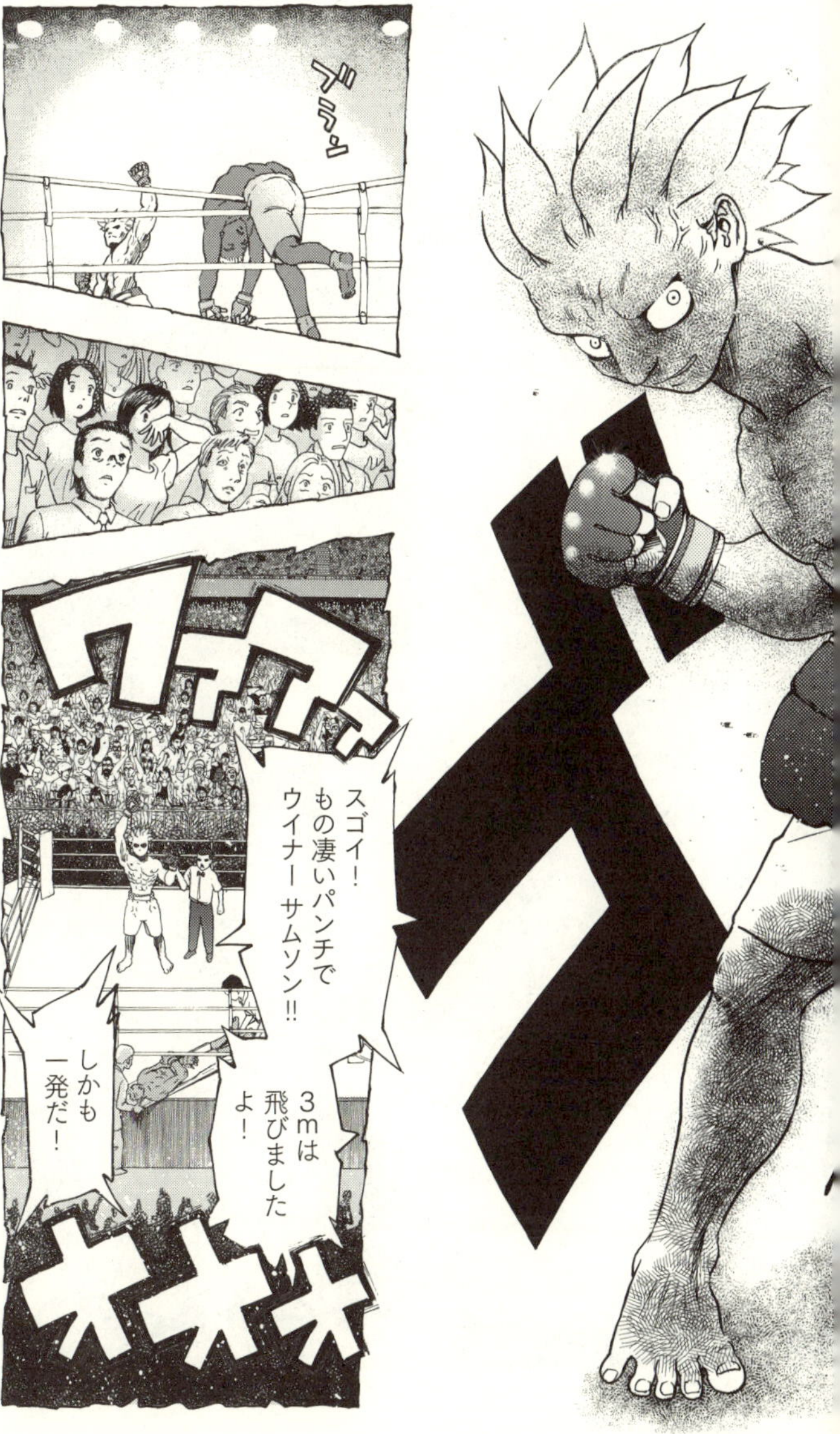

ブラ〜ン
ワァアァ
スゴイ！もの凄いパンチでウイナー サムソン!!
3mは飛びましたよ！
しかも一発だ！
オオオ

ザバァ
お前はワシの銃にいったい何をしていやがるんだっ!!
ベチョ
ギャッ
おまえはエート…
ユーリだよお父さん

『ZOMBIEMEN ゾンビメン』エカテリナ編 01

←つづく

あああ
お父さんが…
ゴー!!
ゲゴ!!
ゲモモモ
モモモ
モモ…
大丈夫
酔っぱらって
寝てるだけよ
よかった
って
あんたの方が
よっぽど
心配よ!
待ってて 今
手当てする!

解　説

子供から見た大人は近くからだと視界に入りきらないほど大きかったりするもので特にそれが恐い父親ともなれば化物のように威圧感も凄いものである。だから、絵にする時はやはり体格比較をリアルに描いてはつまらない。したがってこの最初の登場シーンはコマに頭が入りきらない大きさにし、本物以上の体格差で描いている

解説

姉を目の前で失い、独ソ戦（戦争）の激化を効果音の重なりで表現したシーン

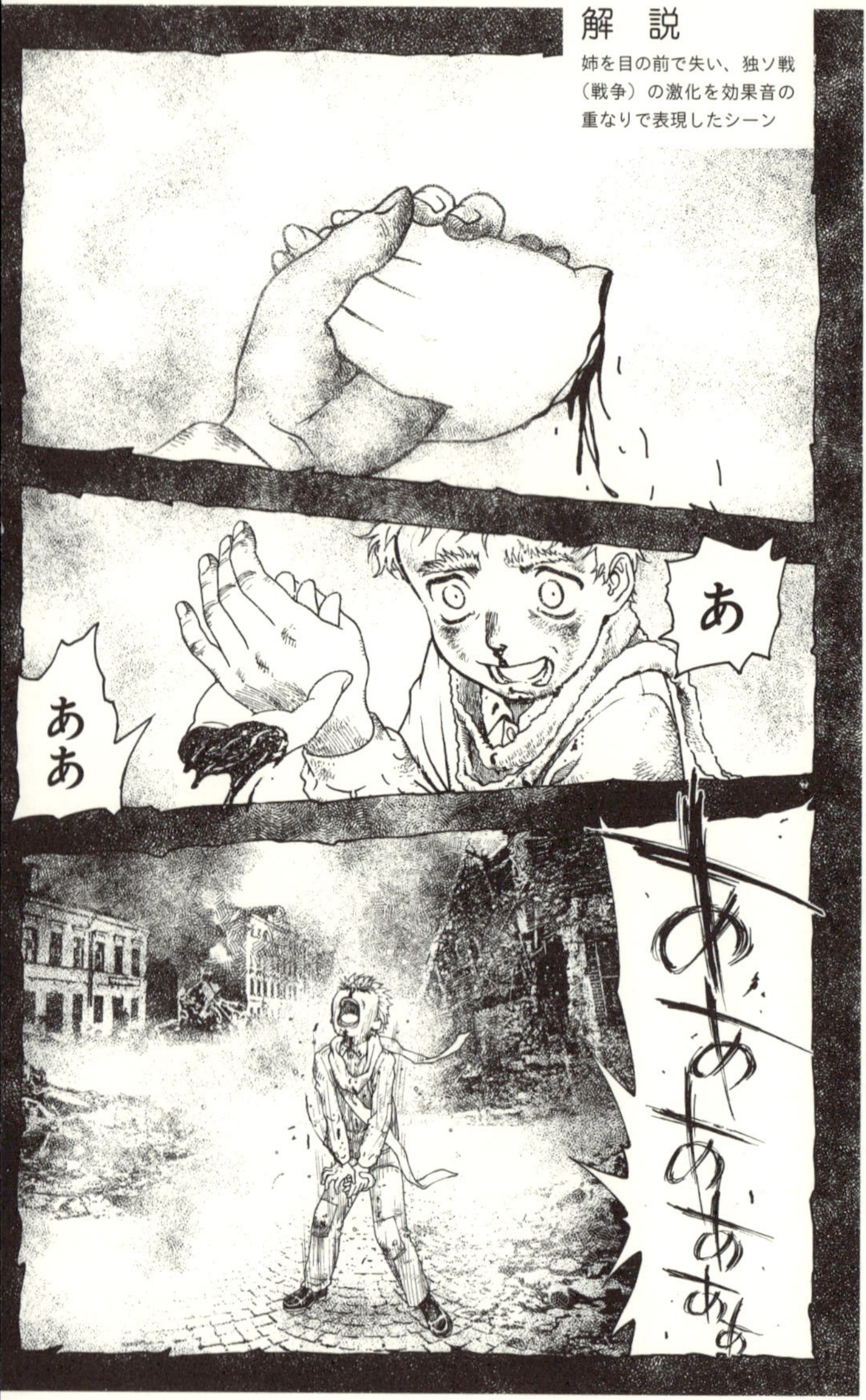

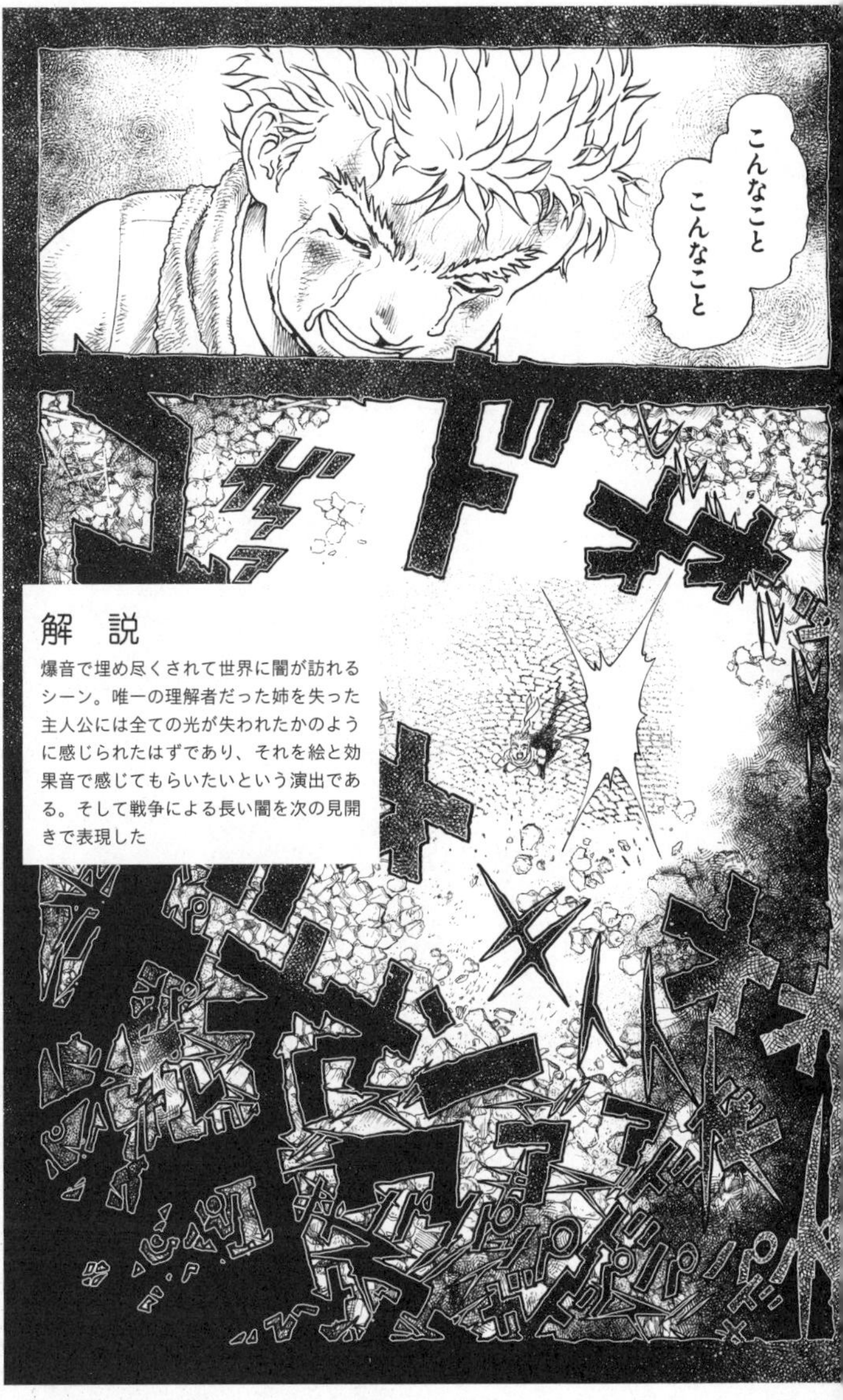

解　説

爆音で埋め尽くされて世界に闇が訪れるシーン。唯一の理解者だった姉を失った主人公には全ての光が失われたかのように感じられたはずであり、それを絵と効果音で感じてもらいたいという演出である。そして戦争による長い闇を次の見開きで表現した

『ZOMBIEMEN ゾンビメン』エカテリナ編02

←つづく

『ZOMBIEMEN ゾンビメン』エカテリナ編03

解　説

主人公が戦争での爆撃で姉を失った時、戦争という巨大な悪の前では父もただの一人の人間でしかなかったことに主人公は気づき、２人は本来の体格差に戻って、うつむいた父を見る主人公の目線は父と同じ高さとなる。名作『絶対安全剃刀』の中の読み切り作品「田辺のつる」の中で高野文子先生はボケて心が子供に戻ってしまっている老婆の姿を本人の視点である子供の姿として描き、漫画の文学的、芸術的な評価を高めた。主人公の主観、主人公にはどう見えているかという視点で描けることは漫画の大きな長所の一つである

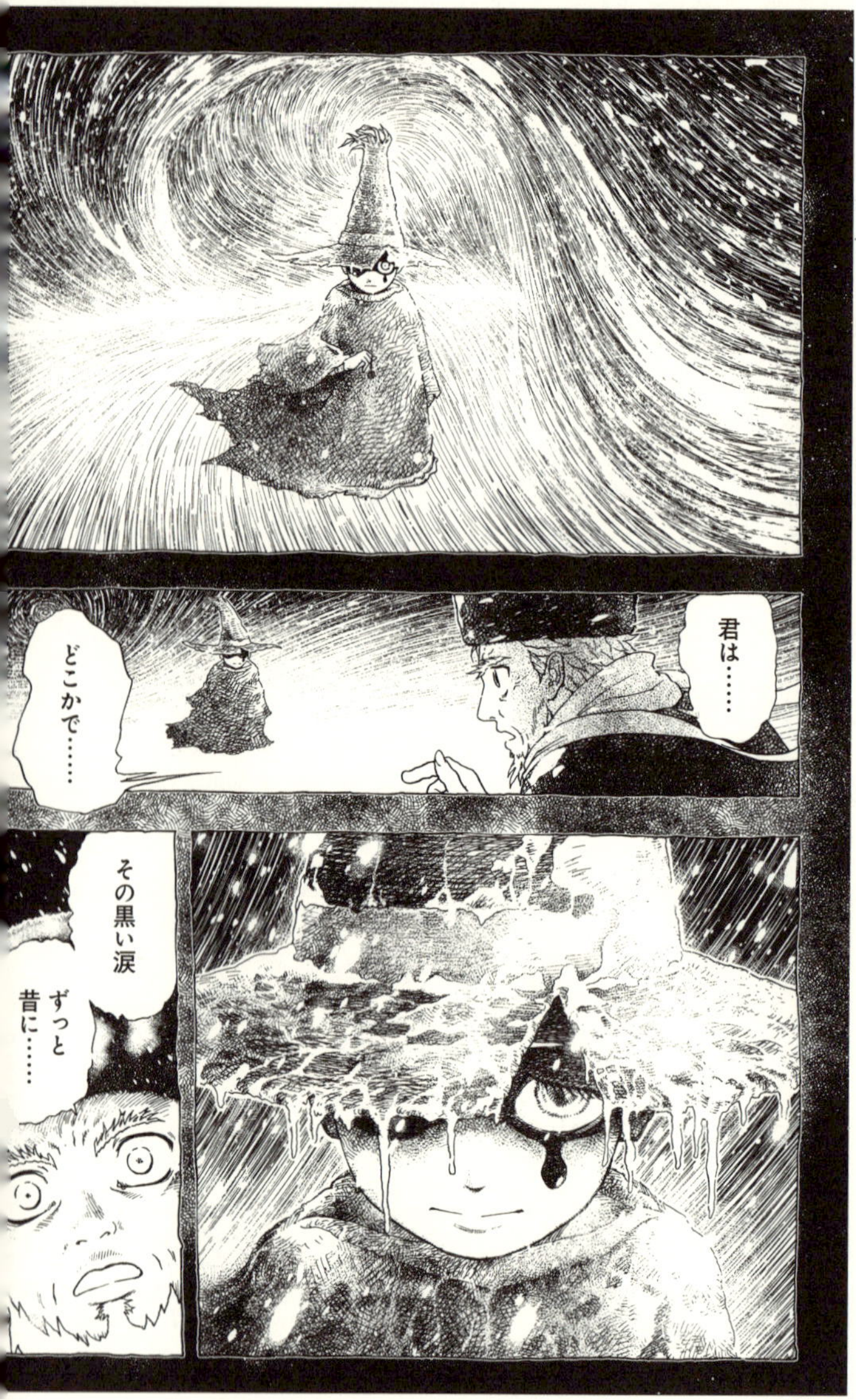
君は……
どこかで……
その黒い涙
ずっと昔に……

解　説

舞台はロシア。主人公は人生をかけて守りたい人のために銃を開発してきたのだが、気がつけば世界中で殺人兵器として使われていることに気がつき疑問を持ち始める。それまでは見守っていた物語の語り部・謎の少年ショボクロに突き放されるようにそのことを指摘され、自分の迷いに気がつくというシーン

『ZOMBIEMEN ゾンビメン』エカテリナ編04

←つづく

解　説

凍てつくような吹雪で心まで冷たくなり、迷路のような底無しの深い迷いを表現するために雪の上の足跡をひとつなぎで魅せた。体感時間を含んで歩き続けた長い時間は見開きで表現してこそ苦しみの時間だと表現できる。

ここで覚えておきたいのは「天候は演出に使える」ということ。

私がまだ高校生の頃、原稿を持ち込んだ少年ジャンプで、『キャプテン翼』の高橋陽一先生が新人賞を獲ったサッカー漫画作品で雨を降らせた演出が素晴らしかったと編集者に聞かされたことがルーツ。

雨が降っているだけで仕掛けは作りやすく、キャラクターの必死さも伝わりやすい。泥まみれの姿は絵面もいい。さらに勝利の後の雨なのか？　泣いているのか？　笑いにも感動にも展開しやすくなる。ただ勝つのではつまらないので心の気迫を泥まみれで魅せたり、凄い激戦を演出するわけだ。そうしてちょっと考えて描けば、同じ話でも別物の価値を生み出すことができる

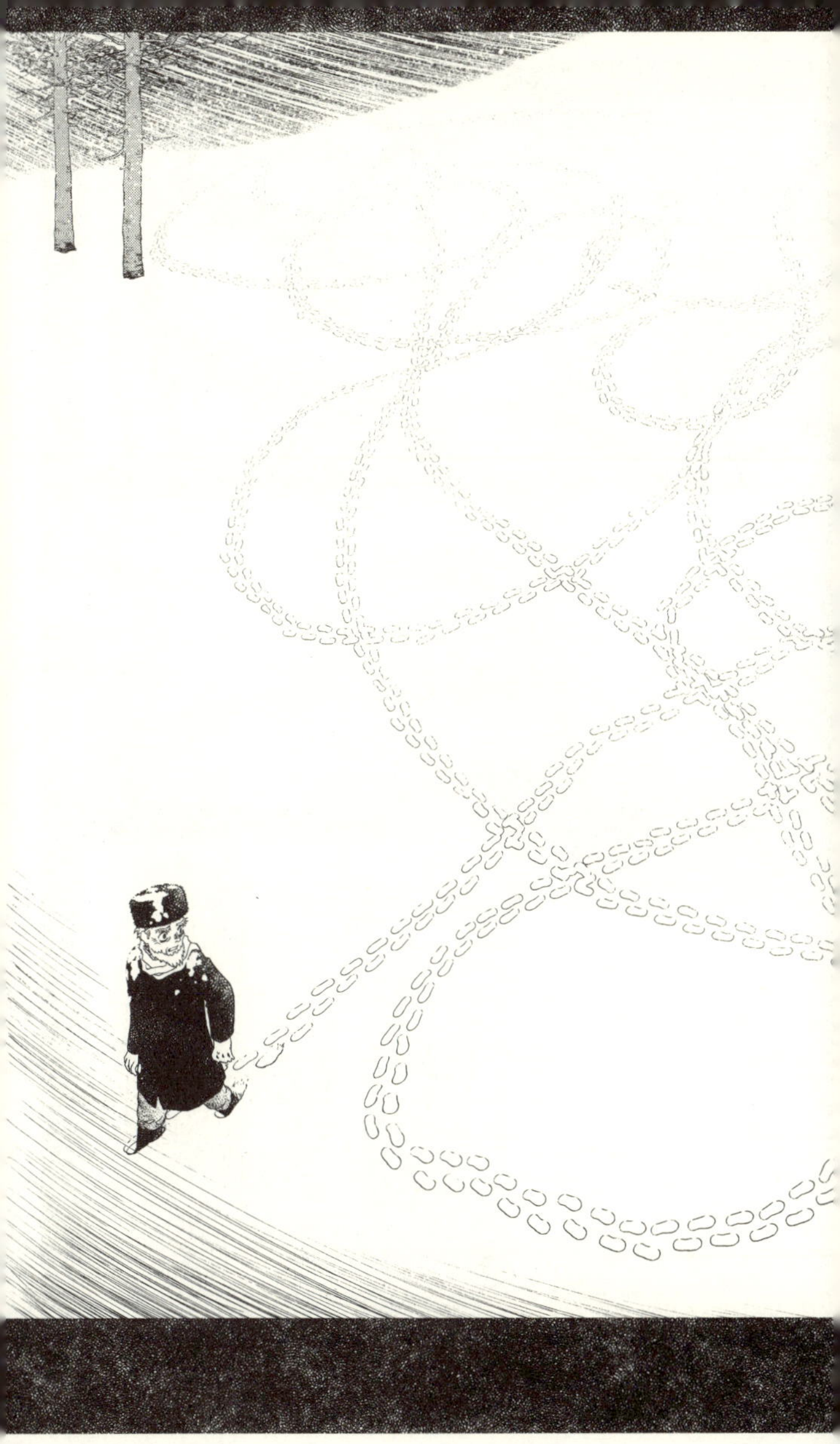

解　説

苦しみをセリフで言ってしまうのは簡単だがそれだけでは人の心に響かない。そこでセリフなしで魅せたのがこのシーン。良かれと思って人生を懸けて来たのにそれを自分の娘にまで否定されショックを受けた主人公が娘の住むアパートから出て彷徨うシーンである。螺旋階段は落ちていく心の比喩で左右に斜めになった画面は体をよろけさせて歩いている表現である。ショックを受けた時、三半規管が麻痺したような感じを絵にしている。暗い画面も心理表現の一つである

『ZOMBIEMEN ゾンビメン』エカテリナ編 05

←つづく

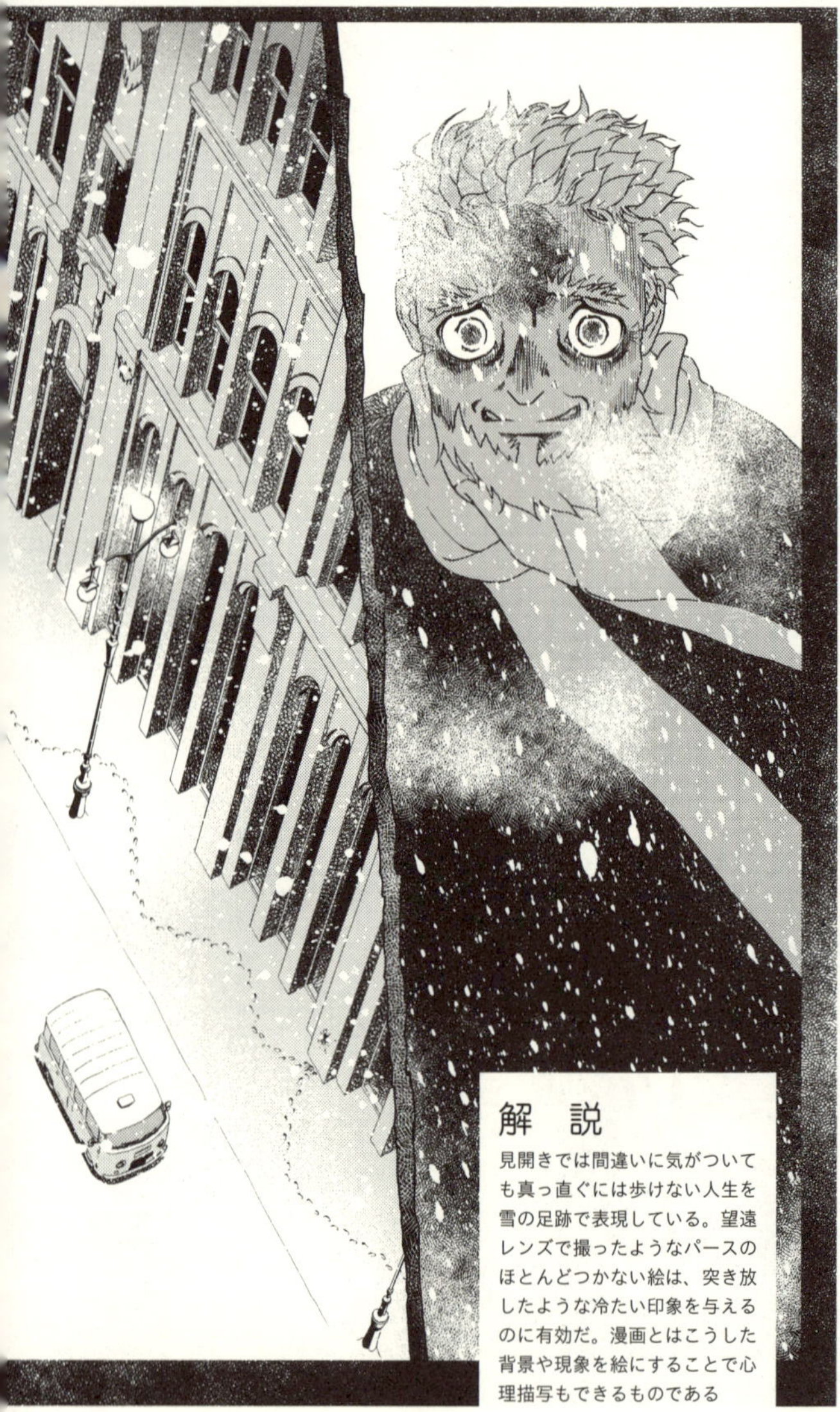

解　説

見開きでは間違いに気がついても真っ直ぐには歩けない人生を雪の足跡で表現している。望遠レンズで撮ったようなパースのほとんどつかない絵は、突き放したような冷たい印象を与えるのに有効だ。漫画とはこうした背景や現象を絵にすることで心理描写もできるものである

18 エッセイ漫画を描こう!

目指すは、笑われること

少年漫画、少女漫画、ギャグ漫画、青年漫画については『10年メシが食える漫画家入門』に書いたので今回はエッセイ漫画について書きましょう。

自分の体験を面白おかしく伝える、それがエッセイ漫画です。

偉そうにカッコつけた人の体験談なんてムカムカして読む気が起きないですよね。「この人ホントにバカだなぁ」と笑って読んでもらうのが理想です。

基本はノンフィクションですが創作を混ぜ合わせ、キャラクターの面白さに関しては虚実を曖昧にしてよりおバカに描いても良いでしょう。

普段の人付き合いでもテレビのバラエティ番組、スポーツ選手でさえもおバカキャラと言われる人はモテますよね。

周りに甚大な被害を与えたジョージ・W・ブッシュ元大統領のような困った人もいますが、未曾有の大不況の要因を生んだブッシュさんだってバカであることがウケて大統領になってしまったのです。

一口で言って、バカは権力さえ持たなければ周りを幸せにします。バカになれる人は魅力的です。

つまり我々がエッセイ漫画の中で目指すべきは笑わせることではなく笑われることです。お笑い芸人でも花形はツッコミではなくボケの方なのと同じです。どれだけ体験の中で失敗したか、みっともなかったかがそのまま漫画の魅力になるのがエッセイ漫画です。

また、カッコ悪い失敗はその漫画で描かれた分野にこれから挑戦するかもしれない読者の不安をやわらげます。エッセイ漫画を読む人は大抵が描かれた分野に何か興味がある人だからです。先に目一杯失敗してくれた人がいるとなれば自分の失敗もそれほど怖くないというものです。さらに主人公が失敗しても楽しそうだったら読者の興味を煽《あお》ります。

読んで楽しく知識がつき、チャレンジする恐怖心がやわらぎ、楽しみにもなる。それがエッセイ漫画の醍醐味でしょう。

言っておきますがバカという言葉にはいい意味も含まれています。たとえば仕事バカと言えば一心不乱に仕事に取り組む熱心な人を言いますよね。その意味だけでもバカは漫画の主人公に向いています。一生懸命で周りが見えない人は他人事である限りは本当に面白いからです。

ただ経験の少ない若い人にはちょっとハードルの高い分野かもしれません。なぜならエッセイ漫画の成功の鍵は自分をバカだと言い切れるまで貶める表現だからです。そのためには自信が必要です。しかし、まだ何も成し遂げていない若い人がどれほどの自信を持っているでしょう?

お笑い芸人のボケキャラが運動神経抜群だったり、膨大な知識の持ち主だったりするのは偶然ではなく、何らかの自信に裏付けられているからこそ堂々とボケられるのです。友人のパチスロ・エッセイ漫画を長く描いている女性漫画家さんは外見も言動も自分を貶めまくりな漫画を描いて人気なのですが、本人に会うと美人で聡明だったりします。

彼女の自信がどこにあるのかは分かりませんが、自信があるからこそ彼女のエッセイ漫画は面白いのでしょう。

エッセイ漫画に描いていい存在

また、最近はバカというより自虐で人気を取っているエッセイ漫画もあります。自虐で不幸なキャラというのも読む人を安心させたり幸せにしたりする効果があります。たとえば古い絵本ですがエドワード・ゴーリーの代表作『不幸な子供』というロングセラーの作品があります。これがただひたすら不幸なだけの救われない子供の話なのです。

おそらく幸せに暮らしてきただけの人には気分が悪いだけの本だと思いますが、心の傷がある人には癒しになるので支持されています。もちろんそんなことは理解できないという人はチャレンジする必要はありません。そもそも自分もそうだったと強い思いのある人だけが描けるものでしょうから。

エッセイ漫画には自分以外でも貶めて描いていい身近な存在がいます。

それは旦那さんと担当編集者、つまり実人生におけるパートナーです。

私もアフタヌーンからの依頼で北海道の廃線の旅をエッセイ漫画にしたことがあります。鉄道オタクである担当編集者のはしゃぎっぷりがなんともおかしく、思案の末、彼の旅での言動をオーバーにデフォルメして漫画にしました。ストーリーそのものはないに等しいエッセイ漫画においては会話にボケとツッコミが必要です。自分を貶めるのはほどほどに担当編集者に大活躍してもらいました。ただ掲載されたのがいろんな作家が描いた鉄オタ本でした。同じ担当編集者のことを何人かが描いたことでネタが被ってしまってこれはちょっと失敗でしたね。でもそれは裏を返せば、プロの漫画家みんなが同じ方法論を選んだということです。やはり一番面白い身近な人を描くべきなのです。

また、エッセイ漫画はプロ志向ではない人でも気軽にブログなどで描いたものを発表できるという長所があります。ブログに描き続けた漫画が大人気になり単行本になることも少なくありません。

気軽に描いて、大胆にネットにアップしてみましょう。

COLUMN

猫を撫でるように漫画を描く

我輩を上手に撫でるには、まず手の匂いを嗅がせて安心させ、お腹や尻尾の嫌がるところを避けて我輩が自分ではなめられない部分である頭や顔を撫でてやるといいニャ。

漫画で言い換えると我輩とは読者様。匂いを嗅がすとは伏線を張るということニャ。腹や尻尾は読者の期待しない方向性。頭や顔を撫でるのは咬まれそうでちょっと心配だけど読者の感じやすい部分を想像つかないようなことを狙って描くということニャ。最後になぜ猫ニャのか？　犬は人に尽くすが猫は人に尽くさせるだけ。でも上手に撫でれば可愛く応じる。読者も同じニャ。

19 日本マンガ芸術学院の学生さんの質問に答えてみました

Q 漫画以外の仕事との両立はできますか？

A できます。

意欲と才能があれば。『地獄先生ぬ～べ～』（原作：真倉翔）を少年ジャンプに長期連載していた岡野剛先生はサラリーマンをしながら描いていました。主に土日で描いていたようで愛する奥様の希望であったとか。「だってそうしないと結婚してくれないっていうんだもの」とは岡野剛先生本人の弁です。愛のパワーです。見習いたいですね。

両立という言葉が相応しいかどうかは分かりませんが、漫画だけでは収入が不十分なのでアシスタントやバイト、専門学校の講師をしている漫画家は大勢います。ケータイ漫画や電子書籍などで漫画家の裾野が広がって仕事そのものは増えていますが、その実態は漫画だけで食べていけるような原稿料が出ることは稀なのです。

Q セリフを書く時、長くなってしまいます。どうしたら良いですか？

A　ぱっと思いついたのは3つ。
- 短編であれば、特別な理由がない限りキャラクターの名前を長くしない
- 同じ内容を決して2回以上説明しない
- 漫画は絵で魅せるものと意識して余程の演出意図がない限りセリフだけで面白くしようとしない

Q　自分が考えた言葉をストーリーに入れる時、説明が長くなってしまいます。どうすれば良いですか？

A　説明しないという方法があります。

よく例に挙げられるアニメ『新世紀エヴァンゲリオン』に説明は一切ありません。古典SF映画の名作『2001年宇宙の旅』（スタンリー・キューブリック）では完成間際に説明のシーンを全て排除してしまったそうです。説明しなくても場の緊張感が伝わるのならそれで十分面白いはずです。いい絵があれば漫画に言葉などいらないということです。

ただ、6年くらい前に友人がセリフなしの絵だけで表現した漫画を少年ジャンプに持ち込んだところ「セリフがないんじゃセンスが分からないから問題外」と言われたそうです。

いい漫画だったので「センスがねえのはてめぇだ!!」と私は思いましたが……。いろんな編集者がいるので一人の意見に縛られないように気をつけましょう。

Q　迫力のあるシーンを描きたいのですが?

A　雑誌に載る時は縮小されるので、どうしても迫力が落ちます。だからこそ原稿ではより大胆に描きましょう。

では大胆に描くにはどうするか?　いくつか方法があるので紹介しましょう。

- 手首や指先だけで描かないで腕で描く
- 原稿から目を離して遠くから見るようにして描く
- 多少の粗さは気にしないで、思い切って描く（縮小されるので粗さはあまり感じられなくなるので）
- 効果音の描き文字を画面の端から端まで貫くように描く。上下左右にはみ出してオッケーです

日本のサッカーブームの火付け役となった『キャプテン翼』のど迫力は何といっても描き文字によると思います。是非参考にして下さい。

Q 漫画家の睡眠時間はどれくらいですか?

A ホントの修羅場(締め切り直前)だったら寝ません。

でも、そうならないようにすべきです。徹夜は体調を崩し、次の回に悪影響を与えてまた修羅場になり徹夜……という悪循環に陥りやすいからです。したがって漫画家でも5〜7時間は寝た方が長い目でみると良いでしょう。早死する大先生も多いですからね。ただこの業界には描くのが好きなあまりにほとんど寝ないという人もかなりいます。でもそれはそれで特殊な体質ということで気にしない方が良いと思います。

Q 『ブラックジャックによろしく』の佐藤秀峰先生が単行本の表紙に原稿料が発生しないことについて若手を心配して問題提起されていましたが、樹崎先生はどう思いますか?

A 若手を心配するなら単行本の初版を増やした方が良いと思います。

たとえば私がアフタヌーン新書として出した『10年メシが食える漫画家入門』ですが全て書き下ろしです。雑誌掲載はされていませんから原稿料は全く出ません。印税だけです。何の雑誌にも貢献していないので当然です。

そういう意味では単行本の表紙は雑誌に載っていないので原稿料は出ません。描き下ろしの漫画単行本も買取の場合を除けば全く原稿料は出ません。買取の場合は原稿料が出ますが印税は出ません。若手の心配ということだったら、そんなことより単行本の初版を増やす方がよほど良いでしょう。

少年ジャンプでは新人の単行本で初版3万部が基本ですが、そのくらい出してもらえないと短期で連載が終わった場合、赤字になってしまうことが多いでしょう。実際には新人の作品が3万部も売れることは稀であり、ジャンプは作家の救済策として人気のなかった作品でも3万部出しています。

週刊連載させたのに単行本を出さないことがある大手出版社もありますが、「ヒットしなかったら収入はないよ」というようなものです。せめて新人には人気が取れた場合のみ単行本化と告知くらいはすべきでしょうね。

でも、佐藤先生の発言や雷句誠先生の原稿紛失が問題視されるのは漫画家と編集者の関係が変わってきているせいもあるでしょう。

かつての漫画家と編集者は仁義で結ばれるようなお互いの立ち位置でした。仁義とは筋を通すということです。なんでもかんでも口約束でした。

それでもほとんど問題が起きなかったのは、それぞれの漫画家がお山の大将だったので縦にも横にも連絡網がなかったことや編集者は作家を大切にしてくれるという信頼感があったからであり、私自身も連載になった後や単行本が出た後にそれぞれの契約書に署名・捺印《なついん》するなんて本末転倒なこともありました。

ほんのわずか十数年前まではそんなことも珍しくなかったのです。ただしお互いに言ったことはある程度責任を持つという暗黙の了解はありました。

ところが近年はｍｉｘｉやツイッターなどのソーシャルネットワークの普及で漫画家はタブーだった原稿料の話をはじめ、出版社の非道な行いなどの情報交換をするのが当たり前になりました。結果として出版社によって原稿料の格差が小さくないことなどが発覚し、一部漫画家達の怒りは爆発……さらに原稿の紛失問題や漫画の移籍問題などが起こり、大きく騒がれることになりました。

ただ、原稿を紛失されたことくらいなら私もあります。そんな特別に珍しいことではないはずなんですよね。あってはいけないことだけど所詮は人間のやることですから。

もちろん私は紛失したカラー原稿について某誌を訴える気は微塵《みじん》もありません。それは担当編集者が一緒に戦った仲間であり、世話になった恩があり、仁義があるからです。

つまり問題は原稿を紛失したことより編集者が作家と信頼関係を結べなかったことにあるわけです。今やツイッターなどで漫画家は自分の意見を自由に発信することができるようになり、編集者は売れっ子漫画家にビクビクして顔色をうかがい、信頼関係を構築するどころではない場合も多いようです。

それというのも世論は作品と作家の味方であり、出版社や編集者が何を言っても言い訳だと思われてしまうからです。さらに出版社が弱腰になったのは出版不況で裁判などよけいなことにお金を出せなくなっているのが大きいでしょう。出版不況から出版社が立ち直る要素は現在ありません。編集者は益々弱腰になってしまうかもしれませんが、せめて作品については妥協なく打ち合わせができるといいのですが。

Q ネタや話のために日頃からやっていることはありますか?

A 映画をたくさん観ます。

ジャンプと契約していた若い頃はレンタルで年間600本以上観たこともありました。新書の知識本もよく読みます。小説は学生時代によく読みましたが、プロになってからは時間がないのであまり読んでいません。でも、小説は読むべきです。ただしライトノベルの多くは一人称の物語であり、心の語りの話になってしまうため漫画の役には立ちにくいこともありますからライトノベル以外の小説を読んだ方が良いかもしれません。近年では唯一『サムライうさぎ』（福島鉄平）がモノローグで読ませる漫画としていいところまで行きましたが、一人称では心がネタばれして先が読めてしまうため漫画ではほとんどヒットした例がありません。

Q 漫画家になろうと思ってからデビューするまで、どのくらいかかりましたか？ また、その間「自分は漫画家に向いていない」と思ったことはありますか？ もしあるならその時どうやって自分をつなぎ止めましたか？

A 漫画家になると本気で決意して10年目にデビューできました。

大学在学中にデビューして中退という青写真で4本の新人賞を獲りましたがデビューできず、全てを捨てて漫画にのめり込むべくジャンプの担当編集者を頼って上京しました。「これでダメならオレには生きている価値がない！」と悲壮な覚悟で描いた作品が満点入選して、いきなりの本誌デビューとなりました。

漫画家には最初からそんなに向いていないと思っていたので絵や演出、脚本について素直な気持ちで学べました。向き不向きではなく、どうしてもプロの漫画家になって自分を表現したかったのだと思います。

Q 漫画を描く以外にどんな絵の練習をしましたか?

A 鉛筆デッサン、クロッキー、色彩構成。

高校を卒業したらすぐ漫画家を目指して上京したかったのですが、高校2年から絵の勉強のためのアトリエ(美大受験のための予備校)に通いました。そこでは自分が一番下手だと分かり、愕然として本格的に絵の勉強を始めました。グラフィックデザインを専攻したので、鉛筆デッサン、クロッキー、色彩構成などを中心に学びました。高校は出席日数ギリギリまでサボってデッサンしていました。その時代に学んだことは計り知れないですね。

頭で理解しても実際にできるようになるのは難しいもので、その成果が活かされるようになるまでの過程、技術の目覚めは前作『10年メシが食える漫画家入門』に記しました。

ここからはアドバイスになりますが、彼女、彼氏がいたら是非クロッキーさせてもらって下さい。今でも私はやっています。もちろん友人やライバル、漫画サークルの仲間とお互いをモデルに描き合うのも良いと思います。

「そんなリア充（リアルな生活が充実している人）じゃないやい！」という方はドールの素体を買って、服を着せてスケッチしても良いでしょう。人形やフィギュアをモデルに使っているプロの漫画家も実は少なくないのです。

オビツ製作所のドールなら比較的安価で手に入ると思います。大きめの方がリアルな服の皺になりやすくおススメです。自分の絵柄やセンスに合ったドールの形を選ぶのも大事です。多少高価になりますが、漫画サークルの部費でいかがでしょう？

Q　漫画を描き続けて一番喜びを感じるのはどういう時ですか？

A　ネームに満足できた時、納得できる原稿が描けた時、誰も描かなかったことを描いて「生み出した！」と感じられた時ですね。

創作の喜びは、信じてもないのに神に近づいたかのような高揚感を与えてくれます。その瞬間は何ものにも代えがたい喜びがあります。

Q　原作付き漫画はほぼ単行本になるそうなので憧れなのですが、作画者に入ってくるお金はどのくらいなんですか？

Ａ　作画する漫画家には雑誌掲載にあたり通常の原稿料が支払われます。
作画者にとっての原稿料はほぼ制作費です。そうでなければ漫画家はアシスタントを使えないことになってしまうからです。原作者の原稿料は実質の純利益です。原作者と作画する漫画家の印税比率は５：５が基本でしょう。ただしどちらかに実績があれば印税比率は変わります。

ここで気をつけなければならないのは作画者という言い回し。多くの場合、漫画家は作画だけでなくストーリー、キャラクター、そして演出にも関わります。映画で言えば監督役もするわけです。

演出・作画というのが正しい記述になるはずですが、集英社で抗議すると「漫画・樹崎聖」の記述にその意味は含んでいるからと突っぱねられました。

しかし『地獄先生ぬーべー』以来ネームまで原作が担当することが当たり前になりつつあり、その場合は本当に作画者ということになります。今後は原作、漫画の他に演出という明記を出版・編集側は考えるべきでしょう。

今後、ネーム原作が主流になるだろうと出版社では言われています。絵が苦手な人はネーム原作者を目指すのも一つの選択肢です。

『地獄先生ぬーべー』の真倉翔先生や『DEATH NOTE』『バクマン。』のガモウ先生も素晴らしいセンスや構成力、アイデアを持ちながら絵が失礼ながらそんなに得意ではない漫画家さんですしね。

Q　漫画家の平均収入はどれくらいですか？

A　統計の取りようがありません。

なぜならここからが漫画家という境界線がないからです。一部の大成功している漫画家を除けば、ぶっちゃけサラリーマンの方がずっと儲かります。日本の税制度が個人事業主に厳しいからです。一作ヒットしたからと散財すればその作品が終わった後も同じ割合で税金を取られるのでお金が残りにくいのです。漫画家として儲けるにはコンスタントに長く、ヒットする作品を出し続けなければならないでしょう。

それはともかく、お金は必要以上に気にしないことです。

はっきり言えるのはよほどの才能に恵まれていない限り、儲けたくて入ってきても成功するような世界ではないですから（計算で描いて成功するのはライトエロやラブコメで絵にセンスがある場合にほぼ限られると思います）。

まずどうしようもなく漫画が好きであること。もしくは何か表現したいことがある。そこからですね。儲けたいだけなら漫画家は最悪の選択です。

Q　気分転換や息抜きに何をしますか？　また、休憩するタイミングはいつですか？

A　作画中に息抜きはしません。

これはジャンプ系の漫画家の助っ人アシスタントとして行った全ての仕事場がそうでした。最初はキツくても慣れると締め切りのプレッシャーもあって一瞬でも休むのがもったいないと思ってしまいます。

作画中のリフレッシュと言えば音楽ですね。好みの音楽をキツイ時ほどボリュームを上げてガンガン鳴らすという方は多いようです。

Q　漫画を描く時の服装って？

A　もちろん普段着で大丈夫です。

でも、汚れてもいい楽な服装としてジャージを選ぶ人は多いですね。『るろうに剣心－明治剣客浪漫譚－』の和月伸宏先生は作務衣（禅宗の僧侶が雑事を行う時に着る衣）で仕事をするそうですが、いつでもどこでも作務衣だから普段着とも言えますね。すみません。

　これが自分というスタイルを作ることも漫画家として多くの人に強い印象を残せるので有益だと思います。吉祥寺の街を歩いていた楳図かずお先生は遠くからでもすぐ分かりました（笑）。その一目で分かる赤と白の縞模様を吉祥寺で見かければ、一日幸せになれるという伝説まで最近は囁かれているようで、何か素敵です。

Q　人見知りでも漫画家になれますか？
A　漫画家の多くは他人とコミュニケーションを取るのが苦手です。
　私も同業者の友人こそ多いのですが、相手の人柄を見極めないとなかなか話ができません。あの熱血（！）島本和彦先生ですら「自分は人見知り」と言っているそうなので、他はおして知るべしです。つまり漫画家になるのに多くの友達がいるかどうかは関係ありません。漫画とはぐっと孤独に溜め込んだ想いを爆発させて描くものでもあるからです。

　そもそも漫画家は売れてしまえば他人に会う機会すら激減します。しっかり挨拶ができて、編集者に自分のやりたいことがちゃんと説明できれば外交的ではなくても大丈夫です。むしろ全てを話して発散できてしまう人は少しお喋りを封印して溜め込むといいかもしれません。

Q 背景用の資料写真を撮りたいのですが建物には著作権があって撮ってはいけないと聞きました。プロの漫画家さんは許可を取っているのでしょうか？

A 基本的に許可は必要ありません。

誰かの描いたものや撮影したもの、つまり資料となるものが誰かの著作物であればその構図を真似て描いたり、トレースしたりしてはいけません。作者の許諾が必要です。

しかし著作権法の第46条で町並みや建築物の撮影は許可されているので不法侵入などしない限りは何処を撮影して漫画に使っても問題ありません。

ただし、ブランド名のロゴや商品は著作権の範囲内にあるのでそのまま描いてはいけません。写真を加工して背景に使う時は特に気をつけましょう。

アミューズメントパークや文化財（寺社や城、教会など）のような見せることが価値になっているものもそのまま使ってはいけません。ディズニーランドが漫画の中ではネズミーランドとか微妙に変わって登場するのはそうした理由からです。城郭に著作権とは疑問に思うかもしれませんが「再建するにあたって設計者それぞれの説があり、著作権が発生する」とかなり昔ですが編集者から聞いたことがあります。ただし姫路城や名古屋城は著作権の保護期間がすでに満了してパブリックドメイン（公共財産）になっているので自由に使えるそうです。

古い民家などは有形文化財になっていたとしても、それが一般住宅であれば創作的な表現があるとは見なされないので自由に撮影してトレースしても大丈夫でしょう。

最後にもう一つ、警察署は犯罪に関わるという観点から撮影は許可されていません。気をつけましょう。

Q　新人賞を獲るコツや注意すべき点を教えてください。

A　キャラが立っていて面白ければ新人賞は穫れるでしょうが……。

センスも画力もある新人が陥りやすい失敗について話しましょう。

まず多いのはいろんなことを詰め込み過ぎることです。私が漫画家になる前のことですが「いい講演というのは伝えたいことを一つに絞るものだ」と講演の達人に聞いたことがあります。いろんな話をされるよりも話す内容が一つの方が強く心に残ります。内容がいろいろあり過ぎると結局何が言いたかったんだということになりがちです。新人賞を狙う短編漫画も全く同じです。

いろんなことが言えそうな物語でもぐっと我慢すべきです。テーマを一つに絞って、そこからズレることは面白くても削除しましょう。自分の持っている知識や努力して調べたことはなるべく作品に描きたくなるものですが、読者は下から持ち上げるもので、上から引き上げるものではないのです。

これは物理現象と同じです。

たとえばタクシーなどに使われるクラウンや企業の経営者を乗せるセンチュリーのようなクルマは後輪駆動（FR）が用いられます。後輪に押されるクルマは乗り心地が圧倒的に良いからです。一般家庭で乗っている前輪駆動（FF）のクルマはパッケージングに優れていて扱いやすいのですが、前から引っ張られる形になるので乗っている人はどうしても気持ち悪さを感じてしまいます。

この現象は人間が2人いると簡単に実験できます。誰かに引っ張ってもらって移動するのはちょっと無理やりっぽくて気持ち悪く、押してもらって移動すると手伝ってもらって楽な感じの気持ち良さがあるはずです。

つまりこれは人の感じる真理そのものでしょう。

漫画でも読者が行きたがっている方向へ背中を押してやるべきです。読者が気持ち良くないようでは商業漫画の第一歩としてまず失格です。どうしても読者の期待と関係なく説教したければ巨匠になってからにしましょう。

まだ何も成し遂げていない人がどんなにありがたい話をしても聞く耳を持つ人はいません。小林よしのり先生が『ゴーマニズム宣言』で支持されたのは、すでに『東大一直線』『おぼっちゃまくん』で一世を風靡したよしりん先生だったからです。巨匠が手を差し伸べて引き上げるとなれば、押してもらわなくても人は感激するというものです。

これは「己の魂を描け！」という私の教えと相反するように見えますが、そうではありません。己の魂を伝える場合でも下から持ち上げて、まず読んでもらわなかったら何も始まらないのです。

言いたいことがあってもまずは読者に楽しんでもらうべきであり、そうして心を開いてもらわなければ閉じた心には何も伝えられないのです。イソップ童話の『北風と太陽』のようなものです。強い北風で無理やり人の心の衣を剝ぎ取ろうとしてもしっかり着込まれてガードされてしまうのがオチですが、太陽の暖かさなら気持ち良く心の上着を脱がし、さらに体が暖まれば心を丸裸にすることもできます。そうなればしめたもの。読者の心に直接あなたの熱をガンガン届けることができるはずです。

ソーシャルネットワークを使っている漫画家の多くが「サービス業」と自己紹介していたりするのはそういうわけです。

それが商業漫画、プロの漫画ということですね。

さらに新人賞は出版社側から見るとその新人の作品が商業漫画として連載した場合にどうかという判断の場です。

かつてジャンプの手塚賞は読み切り単独の魅力が評価されたのですが、それでは作家として即戦力にならないからという理由で現在は完成度の高い、そのまま連載できそうな新人が受賞することが多くなっています。余裕のない出版社全体がそうした傾向にあるのは間違いありません。そんな中でアフタヌーンの四季賞は原石を思わせる粗削りな魅力の作品が多く受賞して小冊子にも掲載されるので、商業主義にどうしても迎合しにくいという人にはおススメです。

ただし、受賞しても即戦力だと認められたわけではないので雑誌のレギュラー漫画家になるまでは受賞からも遠い道だと覚悟して挑みましょう!

紙媒体の危機と電子書籍の未来

漫画喫茶と新古書店が世に現れて以来徐々に起こり始めていたことですが、紙の漫画の売れ行きは2011年現在どんどん落ちています。

中国では日本の漫画の違法ダウンロードが盛んですでに日本の名作漫画はあらかた無料で読めると言われています。さらにダウンロードしているのは中国人だけではなく日本人もいます。出版社はこの事実を知っていますがサーバが外国なので打つ手がありません。

加えて少子化もあり読者が増える要素はありません。でも、漫画雑誌は増え続けています。大ヒット作品が一本生まれれば出版社も随分潤うので仕方がない部分もありますが、結果的には薄利多売という状態です。

さらに悪いことは売れないのに雑誌を増やすと結果的に漫画家が増えすぎて原稿料が安くなります。単行本も出ない作品がずいぶん増えました。

漫画家は通常、雑誌に掲載した時の原稿料を制作費としてアシスタントにできるだけ払い、単行本の印税を自分の収入にするので単行本が出ないということは収入なしの仕事になりかねません。

週刊少年ジャンプでは連載を打ち切られた新人の単行本でも長らく3万部を発行してきました。これは全国の本屋に行き渡る最低の数であり、同時になりふり構わず全力で連載した新人が赤字で終わらないギリギリの数字です。週刊で連載していくにはアシスタントが何人も必要で、その給料、生活費、仕事場の維持などを合わせると印税なしでは多くの場合赤字です。週刊少年ジャンプ・佐々木元編集長は3万部出すと社として赤字になることも多いと言いますがそれでも長く止めませんでした。本屋が減ったこともあり最近でこそ最低部数は2万部となったのですが、作家を育てるための最低ラインを守ろうとしていることは変わりません。

下積みなしでいきなり大ヒットを飛ばせる人はほとんどいません。一度の失敗で大赤字が残るようなら新人の多くは育たないでしょう。今や紙とペンとインクだけで商業漫画が描ける時代ではないのです。漫画にも制作費が必要です。

かつて漫画は一番安い娯楽でしたが、今やケータイの無料ゲームアプリという、もっと安い（？）娯楽があります。

そんな折に、ようやく一つの希望が現れました。赤松健さん率いるＪコミ（現・マンガ図書館Ｚ）です。絶版漫画を無料で提供するもので、収入は漫画に挟まれるわずかな広告料が大半ですが広告収入は全て漫画家のものになります。ネットでの無料海賊版漫画に対抗しうるほとんど唯一の方法です。しかも描いた作者にメリットをもたらしながらも無料漫画の提供を実現できるというわけです。

一旦、デジタル・データになってしまったものは無料化が避けられないものです。

公正取引委員会は電子書籍は物ではなく情報であるとして再販制度には含まれないと発表しています。流通事業者に対して価格を提示して守らせることができないということです。いくらでも安くしていい物になった電子書籍が一定の価格を維持して利益をもたらすのは極めて難しいでしょう。お金に困った会社はいくらでも作品に安い値段をつけられますからね。

音楽ＣＤがほとんど売れなくなってしまったように、このままでは紙の漫画も同じ道を歩んで衰退するでしょう。

でも漫画を読むのがタダであれば、海賊版にも無料アプリにも対抗できます。さらに良いのは外国語版を出すことで海外に新しい読者を開拓できるということです。赤松式は電子書籍時代の漫画の希望かもしれません。

これらのことから分かるのは電子書籍においては出版社が介在する必要など全くないということです。校正、推敲は編集者を漫画家が雇えばいいだけです。その仕事は出版社以上にベテラン漫画家でもできるはずなので描けなくなった漫画家の天下り先になるかもしれません。

それではセンスが古くなると考える人もプロの編集者を雇えばいいだけです。出版社の言う宣伝効果ですが、結果が出ているとは言いづらい状況です。漫画家が集まった方が出版社と変わらない宣伝効果をもたらすと思います。

電子書籍時代の漫画家は自分達だけで会社を立ち上げ、漫画家の取り分を100％にして、電子書籍漫画の低料金化を行うのではないでしょうか。

実際にそうした動きはJコミの他にも始まっています。

いきなり廃れることはないと思いますが、紙媒体が「椅子が減る一方の椅子取りゲーム」である以上この流れは止められないでしょう。

私自身は出版社に育ててもらった恩があります。友人もいるので編集者にはこの意見に大いに反発してもらってここに書いた全てが戯言《ざれごと》であったと言われることを願います。

しかし同時に漫画の未来を放棄したくはないので世界戦略への橋渡しとなる可能性を秘めた電子書籍も諦めるべきではないとも思います。

今後、漫画家も漫画を読み続けたいと願う人も、ただ描いたり読んだりするだけでなく、その場所を造るために積極的に考え、行動しなければならない時代となってきたようです。

補章 ふりかけ

とっておきはとっておかない！

いいアイデアはとっておきたいという漫画家志望さんが時々います。本当はもっといいのがあるんだけど……連載になった時にアイデアがなくなっちゃうと困るから……至極もっともな言い分です……なーんてわけはありません!!

アイデアの有効期限は意外に短いのです。自分の考えが変わってしまえば思いは込められなくなるし社会情勢が変われば意味がなくなることもあります。アイデアの新鮮さがなくなると自分でも価値がわからなくなることもありますし、誰かが先に使ってヒットしてしまえばそのアイデアは事実上終わる場合もあります。賞味期限のようなものがあるのです。

とっておきはとっておかなくていい！　出し惜しみはいけない。一番いいアイデアから使うべし！

大丈夫、出したら次が出てくるもんです。使わなきゃ一番のアイデアが自分の中のつっかえ棒みたくなって自分を停滞させてしまいますよ！　そこが自分のアイデア最大限界値みたくなって自分を小さくしてしまうんです。

「あーもうアイデアない」って、ネタを出し尽くしてしまっても勢いがあれば筋肉の超回復のように新たなネタは涌いて来ます。追い込まれた状況が集中力を生むからです！　先のことを考え過ぎて今最高の作品描けないんじゃしょうがないのですよ。

また、二つのいいアイデアが浮かんでどちらも甲乙つけがたいので、どちらを使うか悩むようなら最初に思いついたのを使うといいです。

連載作家になればとにかく僅かな時間だって惜しいのです。悩む時間は無駄なんです！　それに大概は最初に思いついたものの方が不思議と理にかなっていたりするもんなんですよ。個人差はあるでしょうけどね。

〈結論〉今ある一番いいアイデアは今使ってしまいましょう！　使ってしまえばまた自分の中にアイデアへの欲求が生まれますから！

何を盛って何を削る？

アイデアの出し惜しみは良くないって話はしたのですが……全部盛りにしろという意味じゃあないのです。

作品制作のために、何を盛って、何を削るべきなのか？

押し込んだ多大な情報は芳醇に心を満たし、研ぎ澄まされたスリムな情報はダイレクトに響きます。

悩ましい選択になるけど、その両方を使えれば演出はより効果的になります。

その指標について話しましょう。

よく言われることですが、よくできた作品とは一言で面白さを言い表せる作品だったりします。

つまりは方向性が多方面に向いていないということであり、方向性の違う面白さのエピソードはどんなにいいアイデアであっても盛り込まないことで伝えたいことが伝わるよくできた作品となっているのです。

違うベクトルの面白さは二つ以上入れると互いに足を引っ張るマイナスな効果となります。

真面目なシリアスドラマに面白いギャグがポッンとあって、そこでたとえ笑わせたとしても読み終わった時にギャグが面白かったとは思ってもらえないものなんです。

感動映画を観に行って、ギャグで笑ったとしても、泣けなかったなら……それは面白いとは受け取れないということです。

面白かったと人に感じてもらうには期待を矢印としたベクトルを指し示し、その方向にのみエピソードを盛って行かねばならないのです（シリアスな物語に笑いを一拍入れることで一瞬緊張感を意識的に緩和させるコメディリリーフという演出技法もありますが、これもキャラの深みを思い起こさせたり、平和とのギャップを見せたりで、さらなる緊張感への伏線として使い場所をよく考えないとマイナス効果となります）。

同じ方向の面白さであれば魅力は足し算となり、組み合わせ次第ではかけ算となります。もちろん何話も続いている話なら話数毎に多少違う方向性を盛り込んでも良いのです。テーマという言葉を使うと難しく考える人も多いのですが、つまりは作品の面白さの方向性のことなのです。

漫画のネームを作る上で最大にして唯一のことは読者にどうやって興味を持ってもらうかです

「好きなことを描くべし！」という作家と「好きなことを描いたら負け！」という作家がいますが、これは読者に自分を知って欲しいと思っているか、自分ができることを知って欲しいかという違いでしかないと思います。

どちらの場合もどうやって興味を持ってもらうかが一番重要です。

だから、漫画や映画やドラマにおけるよくできた構成とは興味を持ってもらえる順番……伝えるべきを伝えられる順にエピソードが並び、それによってテーマを伝えられているものなのです。

描き手にとって都合のいい配置ができているというのはズルくて良くないように思われそうだけど、誰が困ると言うわけでもありません。それでいいのだ！

ただし……読者にとってはその計算が見え過ぎちゃ興ざめ。

そうならないようにするには読者の期待という欲望を煽ってテーマに誘導することです。

作者にとって万全の構成とは、読者にとって操られて気持ちいい順番のエピソードの配置のことなんですよね。

結局のところ演出とは「読者にどうやって興味を持ってもらうか」に尽きるのです。

自分の「ウリ」を意識し、磨こう

自分が人とどう違うのかは他人と暮らしでもしないとなかなか見えて来ないもんですけど自分の何が売れそうかくらいは描いていれば自分でも判断がつくのではないでしょうか？

線が綺麗、迫力ある絵が描ける、暖かい絵柄、構成力、笑わせられる、キャラ（人の魅力）が描ける……。

プロ漫画家になってから長所が人並みはずれて伸びて行く作家は稀だけど、欠点が直って行く作家は当たり前にいます。

欠点を直すのはそれが欠点と気付きさえすれば修練と工夫でそんなに難しくないのですが長所を伸ばすのは難しいからですね。

だからこそ、プロになって忙しくなってしまう前の時間のあるうちに欠点より長所を育てましょう！　得意技を磨き、作家としての必殺技を作りましょう！

「自分を描け」の真意

漫画学校で講演して最も受けがいいと感じるのは「自分を描け」という話だ。多くの漫画家志望者は自分の経験から表現したくなった何かを持っているのだ。なのに本末転倒でデビューするという小さな目標のために自分を見失って描けなくなる子もいる。小手先のことに走り過ぎてしまうのは残念。

――どこで言った話か忘れたけど、ツイッターでどなたかが拡散してくださっていた話です。

ただね、「自分を描け」……と言ってもいろいろでね。そのまんま描いたって受け取る側には伝わらなかったりスケールが小さすぎたり、エンターテイメントとしては物足りなかったりするから……「自分の魂入れとけ！」って話です。

自分自身の内側から出て来たキャラクターや物語には人を引き込む力があるんです！

特に自分と同じ欠点を持つキャラにには入り込みやすいはずです。

自分はできなかったんだけどやりたかったなんて憧れで描いてもいいし、体験を大きな器に置き直して描いて汎用性を高めてもいい。

自分の根っこを大切にね！

他人に何か言われたからって自分の思ってもないこと描くなんてことがないように。

それがたとえ担当編集者でも、そこは譲っちゃダメなとこね！

思ってもない台詞言わしたりすると、キャラクターの整合性がとれなくなって破綻しちゃうからね。

編集さんにネーム直せと言われたら言われた以上に良くするくらいの気概で直すべきだけど……大事なのは自分の魂を偽らない形で直す！ってこと。

直せと言われるの自分の表現したいことが上手く伝わっていないということだから、編集さんに言われたまんまじゃなくていいから、伝えたいことが伝わるように直す！

これ鉄則！

トキワ荘プロジェクトのインタビュー本『マンガで食えない人の壁』で僕も含む多くの作家が偶然にもそれぞれの体験から上記と同じ意味の話を語ったわけだけど……あれだけ揃えば偶然なんかじゃないね。プロになるために乗り越えるべき壁がそれだってことです！

本音を語ればぜんぜん違うタイプの漫画家の皆が同じ方法で壁を乗り越えていた衝撃は知っておく価値がありますよ。読むといいですよ！

「自然に線は存在しない」ということの意味を考える

近代絵画の父ポール・セザンヌの言葉です……が、まあよく考えりゃそりゃそうです。

ではなぜ漫画においては線で表現するかと言われれば、面相筆や鉛筆やペンで描くには線でなきゃ描きにくいからという面もあるけれど……面で描くより線で描いたものが圧倒的にわかりやすいからでしょう。

わかりやすいというのは読みやすい、ストーリーが伝わりやすいなんて当たり前のことだけじゃなく……人物の萌える表情でも建物の美でも、それぞれの魅力を強調することでわかりやすく伝えているってことです。

わかりやすく伝えるということには魅力を増幅して伝えるという部分も含まれるのですね。

日本人が古来、線で絵を描いて来た理由には諸説あるけれど、誇張しやすく表現対象の魅力が伝えやすかったという面が大きかったのだと僕は思います。

ちなみに木版画（浮世絵）が登場する前から岩佐又兵衛ら浮世絵の先駆者は線画で表現しているので量販目的だけが理由で線画が流行したのではありません。

では、僕らが漫画の線画を描く時に考えるべきことは何か？

伝統だからと当たり前に人がやってる技法を真似るのではなく、なぜそう描くのかを自分なりに再解釈して描かなければ魅力の伝わりにくい劣化コピーになってしまうということです。

明らかに絵が下手で味もないという人は多くの場合そこが問題です。形だけを真似ようとしているってことです。

一つ一つの絵の一本一本の線が何を目的にわかりやすく伝えているのか？　真似するべ

きはそこの意識です。伝えたいことを隅々まで意識して描けるようになるということですよね。自然に存在しないはずの線で描くということは、考えることで実物を再構成するということなのです。

この話をしたくなったのは、ウェブで大量にころがってる無料のイラストの描き方で、目の描き方とか髪の描き方など、明らかに特定の作家の固有の個性そのものを伝えようとしているものが多いように思ったから。心配になったんですよね。

上手に描ける方法を考えずに真似るのは楽勝！　賢い方法！　……と思ったら大間違いです。中身のない絵は手癖となっていつまでも己を苦しめるのですよ。

経験からの話ですけどね。

表面上の真似絵は促成栽培みたいなもんです。すぐ咲くけど、大輪になる前にすぐ枯れちゃいますぜ。

写真には写らない美しさ

私、トキワ荘プロジェクト樹崎荘のメンター（漫画家志望者の相談役）などをさせていただいておりまして、これを書いた日は面談日でクロッキーをしたのですが……。

漫画家志望者でも意外とやったことない人が多いもんなんですね。クロッキーって何？って言う人もいて驚きましたが……判らない人はググってみて下さい。

……ということでそんな話から思いつくままに。

写真には写らない美しさがあると言っても、心のことが言いたいんじゃないのです。話したいのは絵に描く時の美しさのことです。

写真には一方向しか写りません。だから一枚の写真には立体としての情報がわずかしかないのです。

でも絵を描こうとした時にはその立体としての情報こそが大切なことが多いわけです。どこがどう回り込んでつながっているのか？　そこの影はどう凹んでついているのか？そのラインはどっちが前なのか？　反射光はどこから？

人間の目はカメラと違って二つあるから立体感がわかります。

だから漫画の絵を描く訓練にはクロッキーが最適です。実際に人を見て描くことで立体感が摑めるからです。

モノを実物には存在しない線に置き換えて表現する意味も探ってみて欲しいと思います。同じポーズをいろんな角度から描くとさらにいいですね。左右に動いてモノを多角的に見れば構造も見えて来るはずです。同じモノが違う角度からは違う形のモノに見える！　ここが面白い！

構造や表現するための法則を発見し、理解して描いた線と、ただ見たままを描く線は全く違ってくるはずです。

そう、線画は見たまんまを描いてちゃいけないのですよ!!

そもそも自然に線は存在しないわけですからね。考えて表現した方が説得力が出るのです。

「で、でも私にはそんなモデルしてくれる人いないやい！」って新人漫画家さんもいるでしょう。それなら電車やバスでこっそり見知らぬ人を描くといいんです。プロの漫画家やイラストレーターでもよくやる修行……というより楽しみですね。大丈夫、彼らは次の駅までは、じっとしていてくれるはずです。電車もバスも乗らないならフィギュアやドールを描いてもいいですよ。

ただしドールは正しく骨格や筋肉が動くわけではないので、動かした時の服のシワの参考に……フィギュアは動かないので複雑なポーズとその筋肉の参考になるモノを用意してもらいたいですが。

実際、プロ漫画家の仕事場には資料と思しきフィギュアがドッサリあったりもします。TVの取材時には隠しますけどね。僕も隠しました。

ファッションから髪型までそっくりそのまま描いちゃまずいけれど参考に見て描くのはオッケーです！

プロは結果が全てですからね。特殊な服なら実際に作ってみて描いてもいいし、実在のメカなら模型やミニカーのようなものを見て描いてもいい。

よくできたミニカーなら車の裏側まで解るから作中で車がひっくり返ったって大丈夫！人間まで含めてほとんどのシーンを写真に撮ってポーズのトレス元や参考とする人も青年漫画では結構いるようです。

ズルくなんかありません。読者が喜ぶ最上の仕事をするだけです。

それがエンターテイメントってもんですよ！

「光あるうちに光の中を走れ」

この文章（ふりかけ）はツイッターで百数日、毎日つぶやいていたものがベースで、これを書いたのは37日目分となりますが、実はいつでも出せるストックが2、3本はある状態でした。一日、二日置いて見直すと、他人の目で見ることができて推敲しやすいということもあるからです！　が、問題もあります。それは……。

人に見せるために書いているはずなのに、何度も同じ文章を読み返して直していると仕舞いには何が面白かったのかもわからなくなり、当初面白いだろうと思いついた書きはじめのキッカケである気付き、閃きさえも何処かへ行ってしまったりして、人に見せるのが嫌になったりするってことです。

新人漫画家さんは経験ないですか？　ネームをいじりすぎてわからなくなること。同じネームに時間をかけすぎるのは危険なのです。短期間で描き上げるのがよろしい！そのためには気分が乗ってる時には寝なくてもよろしい！　……というのは僕流なだけなので、必ずしも真似しなくてもいいのですが……。

寝るのがもったいないと思える時は集中できているのでしょう。

ネームは思いついた感動が残るテンションの高いうちに描いてしまうのがベストであることは間違いないです！

また、直す時には常に長所を伸ばし、次に欠点を直す順序が大切かと思います。欠点を直すだけだと出る杭のない凡庸《ぼんよう》な作品となりかねないので尖った部分で読者のハートを刺し貫きましょう！

　欠点についても、魅力になりえると判断できることは貫きましょう！　長所と短所は元々表裏一体のもんなんですから。元気な人は煩《うるさ》いし、物静かな人は暗いし、荒い人は猛々《たけだけ》しい、美味しい食い物は食い過ぎて太るし、何かを得れば何かが失われているのが世の常です。短所を直すことで長所を殺してしまわないかは注意です。

　閃きの光あるうちに光の中を突っ走りましょう！

　……と、書き終わった瞬間からこの話、普通過ぎ！　って心の中の誰かがささやいてくるので明日はもっと変な話を！

　なんて特別いいネタがない時は次への期待で引っ張るという方法もアリ！　そして明日の僕が昨日の僕を恨むのでした。

　ちなみに、トルストイの小説『光あるうちに光の中を歩め』は、生きてるうちに……という意味の内容なので特に関係ないんですが、カッコいいタイトルですよね。好きなことは隙あらば押し込むのが吉と思います。

取材しよう！　その1

さあ描こうと思った時に実は何が描けるかはもうほぼ上限が決まっています。そこまでに何を行ってきたか、何を見てきたか、体験したか、思ってきたかでできる範囲はできてしまっているわけです。想像力、創造力はその組み合わせでしかないからです。無から有は生まれません。

漫画を描いている間だけが漫画家の仕事ではないのです。見る物全てに感じること、考えることが作品の根幹となるのです。そんなわけで、少しでもクオリティを上げるため描く前になんか役立ちそうなモノを観に、聞きに行きましょう！

漫画家が人気商売になって多くの大人が漫画やアニメを見て育った世代になって世間はずいぶんと漫画家に優しくなりました。今こそ、そこに図々しく付け入りましょう!!

なぁに、多少の迷惑をかけたって描くことで恩返しすればいいんですよ！

まずはできるだけアポを取り、それが難しければ直に見学に行って、隙を見て話しかける。現場であたふたしないように質問はしっかり準備しつつも臨機応変に相手に気持ちよく話してもらうようにしましょう！　下調べも必須です。人は興味を持ってくれてる人に心を開きますから。

……ということで、具体的な取材についての実際を話してみましょう！

取材しよう！　その2

具体的にわかりやすく、まずは例としてスポーツ。試合だけでなく、許可を取って選手の傍で練習を見せてもらいましょう。なんて話から。

経験上の話になりますが、まだ新人賞を取った程度であっても、漫画の取材と告げれば有名作家でなくとも、そうそう取材先に邪険《じゃけん》にされはしないでしょう。ただ失礼のないように何を訊きたいか、何を写真に撮りたいか、予めしっかり準備しましょう！　信用を得るために描いた作品や名刺なども用意できればいいですね。さらに、取って付けたような褒め言葉より、ワンエピソードでもいいので選手の試合っぷりを熱く語れるようにしていければ選手にも気持ちよく話していただけるでしょう。

僕もデビュー前からスポーツ取材はよく行きました。ボクシング、柔道、アイスホッケー、ＭＴＢ……。実際にプロのスポーツを見れば人間離れした動きに圧倒されます。踏み込みの強い音、風を切る音、息の音、汗の量、目の輝き、オーラ……。生で見れば嫌でも興味が深まります。

試合生観戦もいいですよ。例えばボクシングなら前座の4回戦（新人の前座）から見れば、メインエベンターの凄さが比較によってよくわかります。速さ、テクニック、パンチの音が違うのです！　比較してはじめて本物の価値がわかるのですが、TVではタイトルマッチしか映しません。

メインエベントになるほどリングの照明が明るくなるのが判ったり、リングサイドなら血しぶきをパンフでよけようとする人がいたり、俯瞰ならサイドステップの足の動きなどもわかります。映像では伝わりにくい部分です。観客の生の反応や、地元選手が勝つときの一体感も客席に座ってなきゃわかりません。

お相撲さんをすぐ傍で仰ぎ見るパースの妙！　プロレスラーや野球選手のゴッい体！　女性のウエストほどもある二の腕！

常人とは全く違う才能の集まった世界は壮観です。それを自分の目線から見ることに価値があります。

そして時にはそんな憧れの人と友人になれることも……。

巨大な大男やアクションをする女性をじっくり見て許される場ってありそうでないですからね。リングのプロレスラーや舞台の踊り子なら見られて怒ることはありません。人をじっくり視るのって恥ずかしいもんですが大丈夫！

体験入門できるならもっといいです！　実際動けばいろんなことがわかります。僕も車漫画を描くため、サーキットを走り、ジムカーナを体験し、日常とは違う車の爆音を知ったり、車屋さんの話を聞かせてもらったり、仲間になった友人などのいろんな車に試乗させてもらってきました。

そんなただのお客さんじゃありえない体験をさせてもらえるのが漫画家なのです。……と、いいこと尽くめな話でしたが、そんな取材から起きる問題についてもお話ししましょう。

取材しよう！　その3

足を使って取材し勉強することはいいことなのですが問題となることもあります。知識や義理（人間関係）ができると、その価値が自分の中で肥大して、時にキャラを押しのけてまでネタを描くことにこだわってしまったり、企画自体が面白いかどうか自分では判断つかなくなってしまいがちなのです。

蘊蓄漫画は別として、人間が一番見たいのは人間です。キャラクターなんです。ネタはキャラクター、人間性を引き立てるためのものと考え、知識を見せるための知識を描くことは控えるべきでしょう。逆に言えばネタとキャラをどう嚙み合わせ、相乗効果を出せるかが創作の醍醐味《だいごみ》です！

取材以外でもたくさんの資料本を読むと、同じ状態になりがちです。ネタの面白さと難しい専門書の読解の苦労が自分の想像力をスポイルしてしまうのです。新しい知識は可愛くて誰より早く使ってやりたくなるのですが、そこは贔屓なしで他の知識と公平に扱ってやるべきなのです。

どんなアイデアもアイデアだけでは吸引力とはなり得ません。世界的ヒット作のアイデアで紐解いてみると……。

蜘蛛がウイルス感染し、蜘蛛の遺伝子を自身の遺伝子として、偶然にも取り込む↓蜘蛛に刺された少年が蜘蛛の超人的力を手に入れる↓運動苦手で同級生になめられてばかりだったキャラクターが鬱から解き放たれ摩天楼《まてんろう》を蜘蛛の糸で飛び回る↓読者も共感し解放される快感を得る。

アイデアとキャラクターの噛み合わせとはこういうことですね。共感し解放される快感を得るためにはどう組み合わせればアイデアが活きるのか？

蘊蓄ばかり言ってる男性は女性にモテませんよね。空気を読む賢さがないと思われちゃうんですね。読者も同じです。

伝えたい本質は何なのか？　軸がぶれちゃいけません。

必死で学んだことでも自分が必死であったこと自体は読者には無価値だってことを忘れちゃいけません。

読者がカタルシスを得るために役立たない不適格な知識は仕舞っておきましょう。忘れた頃に役立ってくれるかもしれませんから焦ることはないのです。

星海社新書版あとがき

本書は『10年大盛りメシが食える漫画家入門』のリニューアル版となるのですが、それを僅かに先んじて『カタルシスプラン』『10年メシが食える漫画家入門R』（幸文堂出版）も発売されており、筆者としては三冊の漫画技術書を同時期に出版していただいたことになります。

基本的な内容はほぼ重複しておりませんので、かなりの技術を語ったことになりますが、実のところそんな僕本人は技術をあまり信じていません。前面に出すものではないと思っています。常に「技術」より「魂」が優先されるべきと思います。

技術が先にありきでは実験作としてはよくても、読者の楽しめる、愛せる作品とはなりえないと思うからです。

技術はあくまで表現を助けるためのものなはずです。

それを正しく使いこなすには技術のための技術でない、理由を理解した技術が必要です。

図1　五点曲線透視図法

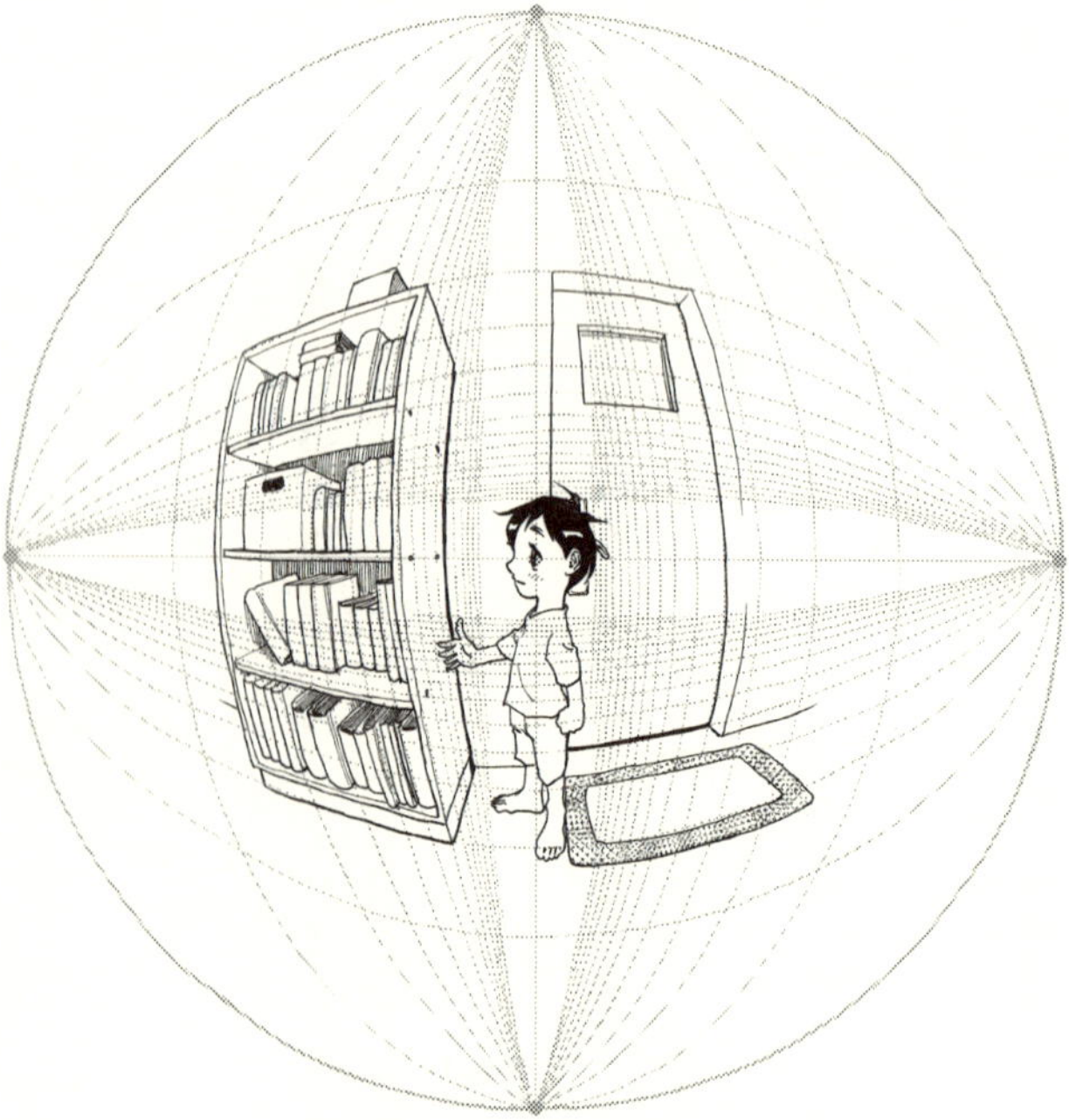

人間の目で見たパースに近いが、人間が正確に認識できる視野角度は5度程度なので中央部以外はこれほど曲がっているようには感じられない。リアルであってもリアリティはない。

なぜそうなのかを知っておかなければ技術とは使いこなせないものなのです。

例えば〔二点、三点などの〕透視図法は直線定規で描く前提のパースであって人間の目で見た直線でさえ曲がって見えているはずの世界とは違います。だから三点透視は目線より上か下かのどちらかにしか使えず、両方にまたがった絵に使っては破綻します〈図4〉。

しかしパースの意味や、なぜそうするかを知っていれば恐るるに足りません。

どんな時にどんなパースを使うのかを知っていれば、演出に合った形で使いこなせるのです。

クールに見せたければ望遠レンズで撮ったようなノンパースに近い絵を使えば神の目で見たような達観した絵を見せられますし、体感型のホットな絵を見せたければ、キャラクターの目線の構図を多用し、それ以上の臨場感を求めるなら広角レンズのように見せればいいのです〈図1〉。

これが最高のパース、というような至高の技術は存在せず、表現に合うか合わないかであり、使い用なのです。

自分が何を魅せたいかによって使用すべき技術は変わるのです。そこが醍醐味です！

表現したいことや作品の魂を浮き立たせる演出ができるのが創作の面白いところなの

図2 一点透視

子供が絵の主役

図3 二点透視

部屋の中に子供がいる

図4 三点透視

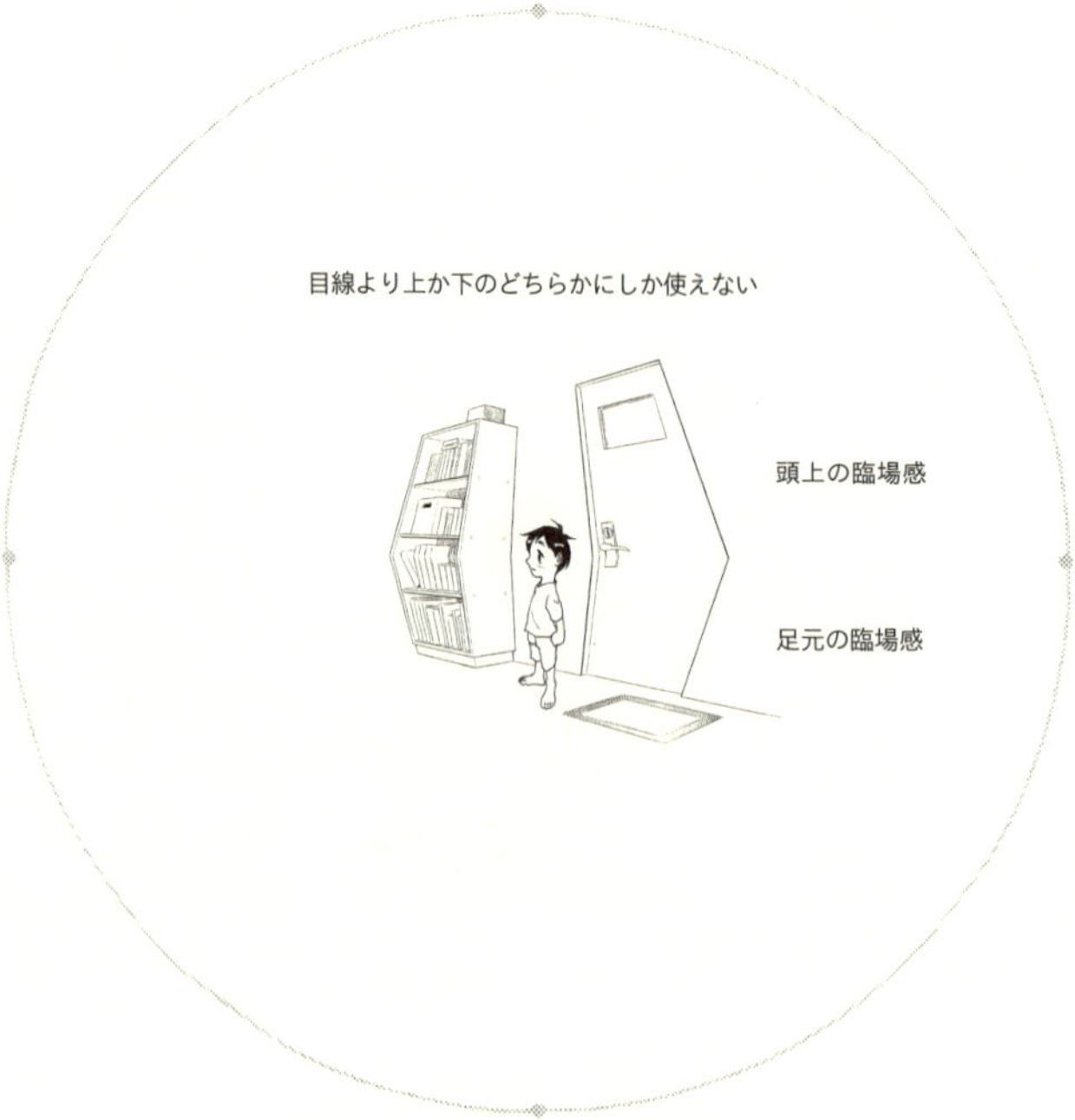
目線より上か下のどちらかにしか使えない
頭上の臨場感
足元の臨場感

自分より上に向かって平行線が延びてゆくと平行線の間は自分から遠ざかるほど狭まるし、下に向かっても狭まる。だから写真で言うカメラ位置の高さの上下を組み合わせることはできない。

です。

技術をどう使うかは自分が表現したいことへの感性次第なのです。

だからこそ、技術は根っこから知っておくべきです。掘って掘って掘って知るべきです！

なんのために、それをするのかも知らずにクオリティの高い仕事ができるはずがないのです。

他の二冊もそうですが、できる限りなぜなのかに拘ったし、読者に拘る楽しさを書いたつもりです。

でも掘れば掘るほど奥の深さは深まるばかり、楽しさは増大するばかりです！

だから、ごいっしょに原点から……もっと掘り返しましょう！


根っこ主義で行きましょう!!

イ　ラ　ス　ト　　大石綾子（ATOKISS）
メカニックデザイン　門ロナオ
タイトルアイデア　よしまさこ
協　　　力　日本マンガ芸術学院
あろひろし
瓦屋Ａ太
梶研吾
岡エリ

本書は2011年3月にアース・スターエンターテイメントより刊行された『10年大盛りメシが食える漫画家入門』に加筆修正を加え、書き下ろしを付したうえで、星海社新書として再刊したものです。

10年《ねん》大盛《おおも》りメシが食《く》える漫画家入門《まんがかにゅうもん》ふりかけ付《つ》き！

二〇一六年 九 月 二二日 第 一 刷発行

著者 樹崎《きさき》聖《たかし》 監修：菅野《かんの》博之《ひろし》

発行者 藤崎隆《ふじさきたかし》・太田克史《おおたかつし》

編集担当 太田克史

編集副担当 石川詩悠《いしかわしゆう》

アートディレクター 吉岡秀典《よしおかひでのり》（セプテンバーカウボーイ）

デザイナー 榎本美香《えのもとみか》

フォントディレクター 紺野慎一《こんのしんいち》

校閲 鷗来堂《おうらいどう》

発行所 株式会社星海社
〒一一二-〇〇一三
東京都文京区音羽一-一七-一四 音羽YKビル四階
電話 〇三-六九〇二-一七三〇
FAX 〇三-六九〇二-一七三一
http://www.seikaisha.co.jp/

発売元 株式会社講談社
〒一一二-八〇〇一
東京都文京区音羽二-一二-二一
(販売) 〇三-五三九五-五八一七
(業務) 〇三-五三九五-三六一五

印刷所 凸版印刷株式会社

製本所 株式会社国宝社

ISBN978-4-06-138598-6
Printed in Japan

93
SEIKAISHA SHINSHO

星海社新書ラインナップ

42 キャラクターメーカー 大塚英志

この本であなたは独創的なキャラクターを強制的に創らされる

属性の組み合わせなんかサイコロで決めてしまえ。主人公は受け身の人間だ。敵役は悪人ではなく主人公のダークサイドだ。誰も語らなかったほんとうのキャラクターの本質と創り方。

62 声優魂 大塚明夫

悪いことは言わない。声優だけはやめておけ。

確かな演技力と個性ある声で、性別と世代を超えて愛され続ける唯一無二の存在、大塚明夫。本書は、そんな生きる伝説が語る、生存戦略指南書である。「一番大事なのは、生き残ること」

73 熱狂する現場の作り方 サイバーコネクトツー流ゲームクリエイター超十則 松山洋

休むな。闘え。

希代の経営者でありゲームクリエイターである著者が明かす、「熱狂する」現場と、「熱狂させる」ゲームの作り方。「誰でもできるけど誰もやらないことをやる。それだけ」。

SEIKAISHA SHINSHO

次世代による次世代のための

武器としての教養

星海社新書

星海社新書は、困難な時代にあっても前向きに自分の人生を切り開いていこうとする次世代の人間に向けて、ここに創刊いたします。本の力を思いきり信じて、みなさんと一緒に新しい時代の新しい価値観を創っていきたい。若い力で、世界を変えていきたいのです。

本には、その力があります。読者であるあなたが、そこから何かを読み取り、それを自らの血肉にすることができれば、一冊の本の存在によって、あなたの人生は一瞬にして変わってしまうでしょう。思考が変われば行動が変わり、行動が変われば生き方が変わります。著者をはじめ、本作りに関わる多くの人の想いがそのまま形となった、文化的遺伝子としての本には、大げさではなく、それだけの力が宿っていると思うのです。

沈下していく地盤の上で、他のみんなと一緒に身動きが取れないまま、大きな穴へと落ちていくのか？　それとも、重力に逆らって立ち上がり、前を向いて最前線で戦っていくことを選ぶのか？

星海社新書の目的は、戦うことを選んだ次世代の仲間たちに「武器としての教養」をくばることです。知的好奇心を満たすだけでなく、自らの力で未来を切り開いていくための〝武器〟としても使える知のかたちを、シリーズとしてまとめていきたいと思います。

2011年9月

星海社新書初代編集長　柿内芳文

SEIKAISHA SHINSHO